沙球运动

徐贞华◎著

·芜湖·

图书在版编目(CIP)数据

沙球运动 / 徐贞华著. -- 芜湖 : 安徽师范大学出版社, 2025. 1. -- ISBN 978-7-5676-6826-3

Ⅰ. G8

中国国家版本馆CIP数据核字第20241ZP069号

沙球运动　　徐贞华◎著

SHAQIU YUNDONG

责任编辑: 赵传慧　　责任校对: 李　玲

装帧设计: 张　玲　冯君君　　责任印制: 桑国磊

出版发行: 安徽师范大学出版社

芜湖市北京中路2号安徽师范大学赭山校区

网　　址: https://press.ahnu.edu.cn

发 行 部: 0553-3883578　5910327　5910310(传真)

印　　刷: 安徽联众印刷有限公司

版　　次: 2025年1月第1版

印　　次: 2025年1月第1次印刷

规　　格: 700 mm × 1000 mm　1/16

印　　张: 11.5

字　　数: 158千字

书　　号: 978-7-5676-6826-3

定　　价: 42.00元

前　言

2020年3月的一天，天气晴朗，下午四点参加抛接训练课的孩子们陆续到来。

“老师，今天训练什么内容?”

“老师，今天我们可不可以玩游戏?”

“老师，天天玩沙包有点厌倦了。”

……

当孩子们提到沙包的时候，我突然来了灵感，对孩子们说：“今天我们就来玩沙包。”于是，我回到办公室拿出两个小圆环，对孩子们说：“今天我们要用沙包投圈，想不想玩?”

“老师，怎么投?”一个孩子迫不及待地问。

“就是利用老师以前教你们的抛、接、传等动作，最后把沙包投进圈里。”我不紧不慢地回答。

孩子们似乎不明白我的意思，但是好奇心驱使他们跃跃欲试。我选了两个孩子手持小圆环站在球场的两端，作为“投掷圈”，然后把其他孩子分成两组进行游戏。游戏开始时孩子们还没进入状态，场面一度混乱，于是我及时调整策略，制定了两个规则：一是接到沙包后必须马上传出；二是不能拿着沙包跑动，必须采用投、传等动作将沙包传出。规则一出，效果立现，混乱的场面逐渐变得有序了，孩子们慢慢地进入了状态，享受着沙包游戏带来的快乐。

快乐的时光总是很短暂，一眨眼工夫就到下课时间了，但是孩子们舍不得离开，我第一次发现小小的沙包居然有这么大的魔力。于是，课后我开始思考如何规范沙包游戏，如何让沙包游戏更有趣、规则更合理。有了这个想法，我就开始查阅篮球、足球、手球、排球等运动的相关书籍。在查阅资料的过程中，要让沙包游戏升级为沙包运动的念头在脑海中逐渐形成。这是一次常规的体育课堂，也是一次非同寻常的体育课堂，感谢孩子们带给我灵感。奇迹来源于课堂，奇迹来源于孩子。

在这之后的三年中，我不断对沙球运动的形式、器材、场地和规则等进行研究和完善，最终形成了一套完整的沙球运动体系，并将沙球运动应用于体育课堂教学。本书将系统介绍沙球运动的源起、基本技术、战术教学与训练、练习方法、校本课程开发、拓展性研究等内容。

在研究过程中，得到了我校体育组何攀、王孟奇、廖胜红、何呈、赖鑫鑫、杨宁、钱凌琛、汪磊、吴贝贝、赖铁瑜、余佳佳、聂道锋、柴晨曦、周慧夏、钟何乐、张宏利、胡家政、姜文斌老师的帮助。其中，廖胜红、杨宁、王孟奇、姜文斌四位老师参与了书中示范动作的拍摄；姜文斌老师参与了沙球运动拓展性研究章节内容的编写；衢州市体育教研员祝芳老师帮助解决了很多研究难题。同时，在严丽萍校长和学校各部门的大力支持下，沙球运动得以在学校推广。在此对于在研究过程中给予帮助的人表达最真挚的感谢。

徐贞华

2024年3月17日于衢州新湖

目　录

第一章　从民间游戏到现代运动的演变

——从沙包游戏到沙球运动 ……………………………… 1

一、沙球运动1.0版：探索运动形式 ……………………… 2

二、沙球运动2.0版：升级比赛器械 ……………………… 2

三、沙球运动3.0版：优化比赛形式 ……………………… 6

四、沙球运动界定 ……………………………………… 8

第二章　沙球运动概述 ………………………………… 10

一、沙球运动简介 ……………………………………… 10

二、沙球运动的源起 …………………………………… 10

三、沙球运动的理论基础 ……………………………… 11

四、沙球运动的价值 …………………………………… 13

五、沙球运动的特征 ……………………………………………………13
六、沙球运动的功能 ……………………………………………………14
七、沙球运动的器材、场地、比赛规则 …………………………………15

第三章　沙球运动基本技术……………………………………………18

一、移动技术 ……………………………………………………………19
二、持球技术 ……………………………………………………………32
三、传接球技术 …………………………………………………………34
四、投接球技术 …………………………………………………………40
五、防守技术 ……………………………………………………………42
六、位置技术 ……………………………………………………………49

第四章　沙球运动基础战术……………………………………………51

一、进攻基础战术 ………………………………………………………51
二、防守基础战术 ………………………………………………………71

第五章　沙球运动练习方法 …………………………………………89

一、抓握练习 ……………………………………………………………89
二、抛接练习 ……………………………………………………………92
三、传接练习 ……………………………………………………………95
四、投接球练习 …………………………………………………………97
五、游戏和比赛 …………………………………………………………100

第六章 沙球运动校本课程开发 ……………………………………………105

一、沙球运动水平段内容开发 ……………………………………………105

二、沙球运动大单元开发 ……………………………………………………109

第七章 沙球运动拓展性研究

——基于沙球运动进行操控性技能学练的大单元开发……………121

一、大单元教学方案主题设计依据 ………………………………………122

二、大单元教学方案的设计思路 …………………………………………123

三、大单元教学方案的设计亮点 …………………………………………125

附件1：课时教学设计…………………………………………………………146

附件2：沙球运动基本规则……………………………………………………159

后 记 ……………………………………………………………………………174

第一章　从民间游戏到现代运动的演变

——从沙包游戏到沙球运动

2019年9月国务院办公厅印发《体育强国建设纲要》，提出扶持推广各类民族民间民俗传统运动项目，加强民间体育的保护、推广和创新。2022年4月教育部发布《义务教育体育与健康课程标准（2022年版）》，指出传统体育对于提升民族自豪感、民族认同感，建立文化自信具有重要作用，并建议对民间传统体育进行开发升级，使其更好地融入现代教学体系。沙球运动正是由民间传统体育沙包游戏演变而来的一项运动，是本人自创的一项校园体育类比赛项目。从2020年开始研究，前后历时三年，在这三年中沙球运动形式经历了数次改进，从最初的沙球运动1.0版、2.0版，发展到3.0版。每一次改进都是一次完善的过程，经历数次改进后的沙球运动具有参与面广、开展简便、趣味性强、攻防转换快和运动量大等特点。其最大价值是能够带动更多学生参与比赛、体验比赛的快乐，发展学生奔跑能力、心肺耐力，提升学生判断-选择-执行能力，培养团队合作意识。本章将系统阐述沙球运动从1.0版到3.0版的演变过程，力求呈现沙球运动的原貌。

一、沙球运动1.0版：探索运动形式

沙球运动要追溯到2019年。2019年，我校开展视动协调课题研究，该课题旨在通过抛接、传接、投掷和击打等手段干预学生的视动协调能力，提高学生抛接物体、拦截物体、击打物体的能力。在研究的过程中常用到沙包这一器材，因此在研究中融合沙包游戏，陆续开展了抛、接、投等相关动作的练习。但是随着研究的深入，沙包游戏中单一的传（抛）接动作已经无法满足学生的需要，学生练习兴趣下降。

针对这一问题我及时调整思路，提出结合其他运动元素，如对抗、跑动、投接等动作，组合成新颖的、趣味性强的运动形式。有了想法后就开始尝试。在沙包游戏中，我让两个孩子手持小圆环站在球场的两端作为“投掷圈”，然后将其他孩子分成两组进行对抗游戏，游戏的目标是通过传接、抛接等方法将沙包投入对方的“投掷圈”中。游戏开始时孩子们还没进入状态，场面一度混乱，于是我及时调整策略，制定了两个简单的规则：一是接到沙包后必须马上传出；二是不能拿着沙包跑动，必须采用投、传等动作将沙包传出。这两个规则一出，立马有了效果，混乱的场面逐渐变得有序了，孩子们慢慢地进入了状态，享受着沙包游戏带来的快乐。

这就是最初的沙球游戏，即沙球运动1.0版。

课后我便开始思考如何规范沙包游戏，如何让沙包游戏更有趣、规则更合理。于是，我开始翻阅篮球、足球、手球、排球等运动的相关书籍，希望将沙包游戏升级为沙球运动。

二、沙球运动2.0版：升级比赛器械

基于沙球运动1.0版的比赛形式，在这之后的一年中我陆续对沙球

运动的器材、场地和规则等进行研究，并在体育课堂、拓展课中开展沙球运动教学，以期获得更多的实践经验，在实践中不断改进。

1. 沙球的制作

在实践中发现，市面上采购的沙包在使用的过程中容易破损。为了解决这一问题，从垒球中找到灵感，借鉴垒球的外形设计制作了类似球形的沙包。在球体设计上，采用正十二面体的形状。球体不能太大，也不能太小。在反复对比小学生的手型后确定球体直径为10~11厘米，这个大小的球体适合抓握。球内填充谷糠、棉花或一些其他材料，重量50克左右，没有弹性，手感柔但不软，能确保球在空中有稳定的飞行姿态。从沙包和垒球中各取一个字，即沙包的“沙”字、垒球的“球”字，结合命名为“沙球”（图1-2-1）。同时，正式将沙包游戏命名为“沙球运动”。

图1-2-1　沙球演变示意图

2. 球架的制作

在1.0版沙球运动中，学生手持圆环作为“投掷圈”，这很不人性化，而且在手持的过程中容易出现晃动。为了解决问题，我设计制作了固定样式的球架。球架的制作经历数次改进，刚开始自制的简易球架是由小木凳、塑料杆、塑料圈组成，在使用的过程中容易翻倒。针对这个问题，我想出了解决办法，即设计由废旧轮胎、铁杆、铁圈组成的球架，并在轮胎中浇筑水泥防止其翻倒。而后，在此基础上设计了可移动的球架（图1–2–2）。经过改进，2.0版的沙球球架由底座、球杆、球圈、球网四部分构成。底座稳固，可以安装轮子，用作移动球架；也可以不安装轮子，用作固定球架。球杆不能太高也不能太矮，整体高度在2米左右。球圈不能太大也不能太小，太大进球难度小，太小进球难度大，学生会失去兴趣，最后将球圈直径设计为40厘米，球圈背后设计钩子。球网是自制的，置于球圈的背面挂于钩子上，有利于判断是否进球，增加进球的快感。

图1–2–2　球架演变示意图

3. 球场的设计

在1.0版沙球运动中没有球场的概念，学生自由地分散在空地上进行比赛，没有场地空间的限制，就会处于散乱的状态。鉴于这种情况，开始设计沙球比赛场地，设计的出发点是能够套用现有的比赛场地。经过一段时间尝试、比较、实践，最终将沙球比赛场地设计为长18米、宽9米的运动场地，可以满足8~10人的比赛需求。场地上设计了禁区、1分线、2分线、3分线、角球区和发球区（图1-2-3）。在场地两边的底线上各放置一个球架，球架的前面是一个直径为3米的半圆，即禁区；半圆两边延长线的中间区域为发球区；场地的四个角为角球区。场地上所有线宽为5厘米。场地周围设有安全区，离边线至少1米，离球门线至少2米。

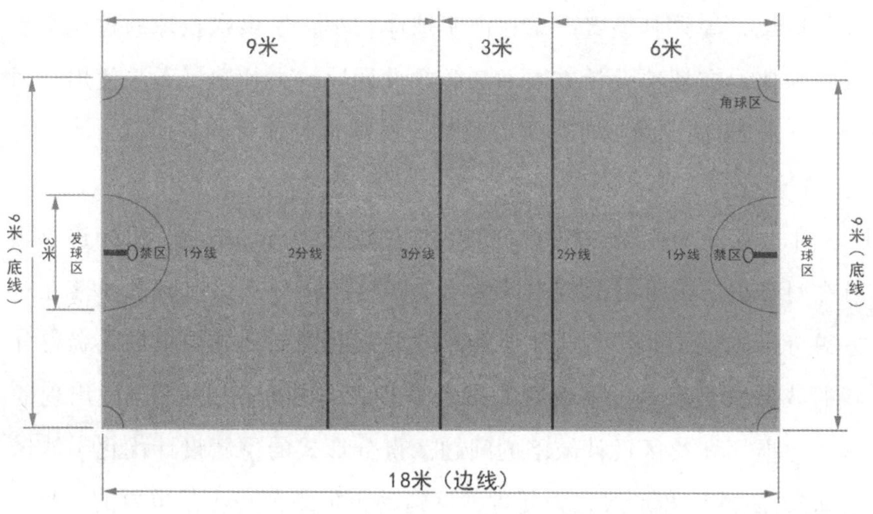

图1-2-3　2.0版球场示意图

4. 规则的制定

规范一项运动重要的是制定一套合适的规则，这也是创新运动项目的难点。针对难点采取的解决策略就是实践，如为了能够让场上的队员在比赛中进行有效串联，制定了持球不能超过3秒的规则；为了防止持球队员随意跑动造成场面混乱，制定了持球不能移动的规则；为了增加比赛的精彩度，制定了不同的进球分值；还制定了比赛双方均不能进入禁区防守等规则。参考篮球、足球、手球等运动项目，并结合沙球运动特性制定了争球、底线球、角球、罚球、违例、犯规等一系列比赛规则。当然，规则不是一成不变的，在以后的实践中会不断完善。自此沙球运动2.0版的比赛规则得以确定，基本能够满足日常比赛的需求。

三、沙球运动3.0版：优化比赛形式

沙球运动2.0版虽然在场地、规则等方面已经趋于完善，但是在实践一年后暴露出不少问题。如在运动器材方面，学生会攀爬摆放在室外的球架，导致其损毁严重；由于球体较小，学生在抢球的过程中易发生争执。在场地设计方面，禁区的设计导致大片区域无法使用。因此，针对2.0版出现的问题需要继续进行改进和优化。

1. 优化得分形式

在3.0版沙球运动中摒弃球架，取消进球得分的规则，采用进攻队员在对方得分区外跃起接本队队员的传球，接球后人、球同时落在对方得分区内即为得分的规则，每一次进攻得分记1分，全场比赛得分高的队伍获胜。这一得分规则的重新设计，同时解决了2.0版出现的球架易损坏和禁区设计缺陷的问题。得分形式的重新设计优化了沙球运动3.0版的比赛形式，为促进沙球运动更加规范迈出了重要的一步。

2. 优化比赛场地

根据沙球运动3.0版的得分形式改进了球场设计，球场改为长21米、宽7米的运动场地，可以容纳两支队伍（6~8人）同时比赛。场地上设计了得分区（7米×1.2米）、发球区（底线附近，边线的延长区域）、防守区（7米×3.8米）、角球区（场地的四个角，位于低线和边线的交叉区域）（图1–3–1）。场地上所有线宽为5厘米。场地周围设有安全区，离边线至少1米。

在场地设计方面，可以在一个篮球场上，横向设置两个沙球场地。两个场地可以同时进行比赛，解决了比赛场地不足的问题。其实一线体育老师不怕组织比赛，怕的是比赛节奏被打乱。如下雨天、下雪天等恶劣天气对比赛的影响很大。在组织比赛的时候，节奏一旦被

打乱，事情会变得难以预料。所以充分利用好室内场地这一宝贵资源，排除天气等外因影响，保证比赛顺利进行，就显得格外重要。

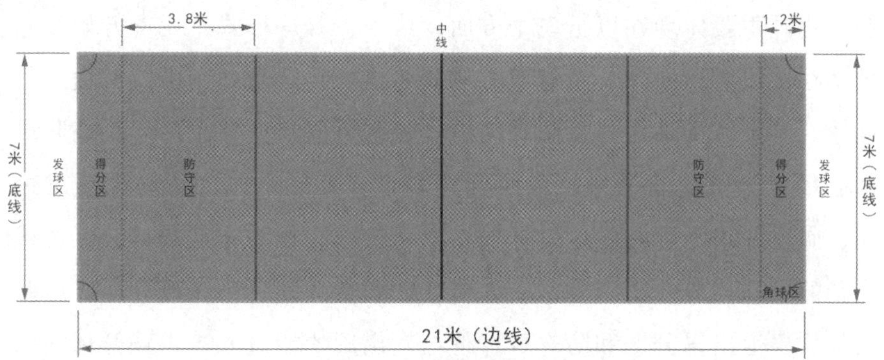

图1-3-1　3.0版球场示意图

3. 优化比赛时间

沙球运动3.0版的比赛时间在2.0版的基础上进行了调整，将比赛设计为3节，全场比赛时间一共20分钟，第一、第二节为6分钟，第三节为8分钟。这是比赛的净时间，再加上暂停、换人等时间，40分钟足够进行一场校级沙球比赛。为什么这样设计呢？其实就是为了与学校的作息时间表相配合，比赛可以利用学校常规体育课时间进行，这一设计解决了校园比赛时间不足的问题。

4. 优化赛制

根据沙球比赛的性质，在反复对比2.0版的基础上，最终将场上人员确定为四人制，第一、第二节上场4人，采用4上4下的模式，且每节必须有1名女生参加；第三节不限人员、不限男女。这一设计主要是基于以下两点考虑：一是沙球球体比较小、比赛比较激烈，如果很多人参与抢球容易发生碰撞，但是参与的人太少又缺乏对抗；二是比赛中加入女生，可以激发女生参与对抗性运动的积极性。优化后的赛制能够极大地调动场上每一个参与者，比赛效果也显著提升。

5.优化比赛规则

相对于2.0版的比赛规则，经过一年的实践，3.0版的比赛规则更趋优化。主要体现在以下三个方面：第一，开球形式。比赛开始裁判员站在中线手持沙球，示意双方球队各出一名队员站到中线两边进行跳球，其余队员站在各自防守区内；裁判员向上抛球，两名跳球队员跳起争球，跳起队员触球的瞬间比赛正式开始。第二，防守区发边线、底线球规则。在底线发球要发出防守区；在防守区和得分区边线位置的发球均要发出防守区；在防守区和得分区发边线球和底线球时队员均要退出得分区和防守区，待球发出后才能进入；中场开球两队各一名队员进入中场，其余队员在防守区，跳球队员触球后方能出防守区。第三，出界判罚界定。队员出界，即比赛进行中队员有一只脚完全踩在边线（底线）外面或身体一半以上出边线（底线）外；球出界，即比赛中球完全掉落在边线或底线外面。以上这些比赛规则的优化极大提升了沙球运动的规范性和可操作性，为沙球运动的推广奠定了基础。

四、沙球运动界定

沙球运动从1.0版没有场地概念、没有规则概念的最原始玩法，逐步发展演变为2.0版有场地、有规则、有器材的运动形式。而后，针对实践过程中2.0版存在的器材缺乏、场地利用率不高等缺陷，继续改进设计了3.0版沙球运动（表1-4-1）。基于沙球运动的演变，可以将沙球运动界定为由沙包游戏演变而来的一项运动，是由两个球队参加，每个球队通过投球、传接、跑动等技战术配合，促使本方队员在对方得分区外跃起同时接住本队队员的传球，接球后人、球同时落在对方得分区内完成得分，并且阻止对方球队得分的一项运动。沙球运动融合了传接、投掷、跑动、躲闪、对抗等众多技战术，具有攻防转换快、趣味性强、运动量大等特点。沙球运动定位为介于大型对抗性运动（如篮球、足球、手球等）和基本游戏之间的一项运动，没有大型对抗性运动的严谨正规，但有基本游戏所没有的完整比赛规则。因此沙球运动为学生从游戏活动向专项运动过渡搭建了一座桥梁，其最大价值是能够带给学生更完整的比赛体验，为学生向专项运动发展奠定基石。

表1-4-1　沙球运动3个版本对比表

版本	1.0版	2.0版	3.0版
比赛用球	无	有	有
比赛球架	无	有	无
比赛场地	无	有	优化
得分形式	有	多种	优化
比赛规则	无	有	优化
观众反馈	无	无	很好
实施效果	一般	好	很好

第二章　沙球运动概述

一、沙球运动简介

沙球运动是由沙包游戏演变而来的一项运动，是由两个球队参加，每个球队通过投球、传接、跑动等技战术配合，促使本方队员通过在对方得分区外跃起接本队队员的传球，接球后人、球同时落在对方得分区内得分，并且阻止对方球队得分的一项运动。沙球运动融合了传接、投掷、跑动、躲闪、对抗和配合等众多技战术，具有攻防转换快、趣味性强、运动量大等特点。沙球运动是介于大型对抗性运动（如篮球、足球、手球等）和基本游戏之间的一项运动，没有大型对抗性运动的严谨正规，但又有基本游戏所没有的完整比赛规则，其最大价值是能够带给学生更完整的比赛体验，非常适合在小学阶段开展。

二、沙球运动的源起

2019年祝芳名师工作室在我校开展视动协调课题研究。视动协调能力是指视觉跟踪物体的能力，通过视觉跟踪达到准确抛接物体、拦截物体、击打物体的能力。研究主要是通过抛接、传接、投掷和击打等手段对学生的视动协调能力进行干预。研究所用主要器材是沙包，研究初期使用的是普通沙包，沙包里面装的是沙子，在练习传（抛）接的过程中容易破损。后来想办法改进，重新设计、制作了正十二面体的特制球体。改进后的球体融合了垒球和沙包两者的优点，具有大小和重量适中、不易破损、抓握感强、安全实用的特点，被命名为“沙球”。改进后的球体用途更广，在后期实践中沙球不仅用于视动协调课题的研究，还用于日常体育课教学和体育拓展课中。

随着研究的深入，单一的传（抛）接动作已经无法满足学生的需要，学生练习兴趣下降。针对这一问题我及时调整思路，提出结合其他运动元素，如对抗、跑动、投准，再融入传（抛）接动作组合成新颖的、趣味性强的体育运动。在接下来一年多时间里，通过不断实践，不断改进练习的场地、规则，最终形成了具有运动项目特征的沙球运动。研究中所设计的沙球投掷架获得国家知识产权局颁发的外观专利（专利号：202130274868.1），撰写的《沙球运动形式、功能、价值分析报告》获得国家版权局颁发的作品登记证书（登记号：国作登字-2021-A-00162652）。

三、沙球运动的理论基础

1.人类动作发展理论

人类动作发展理论揭示，人类从出生到7岁左右，经历了一个基本动作技能的发展过程，包括抬头、翻身、爬行、走、跑、跳、抛、接、投等。7岁至11岁，儿童能够完成较简单的组合动作，这些组合动作的发展很大程度上取决于外部情境的引导。在外部较复杂的情境下，儿童将多个基本动作技能组合起来，形成连贯、有意义的动作序列。这些组合动作不仅提高了儿童的运动能力，也提升了他们的身体协调性和平衡感。沙球运动融合抛、接、投、跑动等基本动作技能，通过比赛的情境，促使学生在比赛中将这些动作进行串联，促进其运动技能的提升。因此人类动作发展理论构成了沙球运动课程的基石。

2.杜威“儿童立场”理论

杜威认为，儿童不仅是教育的起点，更是教育的中心和最终的目的。这意味着教育要围绕“儿童立场”，从儿童的需求、兴趣和能力展开，以儿童的发展为首要任务。其实当前很多运动形式在发明初期是针对成人设计的，而后再延伸到儿童，因此在儿童中开展的大部分运动形式都是成人运动的“缩小版”，这些运动的技术难度、规则复杂程度儿童是很难接受的。沙球运动坚持从“儿童立场”出发，分析儿童的运动需求，结合儿童当前的认知、能力、兴趣等设计，让大部分儿童能够参与其中。因此杜威“儿童立场”理论为沙球运动课程指明了方向。

3.体验学习教育理论

体验学习教育理论由美国组织行为学教授库伯提出。体验学习教育理论强调实践参与在学习过程中的重要性。学习者通过亲身参与实践活动，能够更直接地感知和理解知识，从而更深入地掌握知识。因此体验学习能够增强学生的学习动机和学习兴趣，激发学生的学习热情。沙球运动设计之初就遵循“自主参与，人人参与”的理念，注重比赛的开展，让学生通过参与比赛，体验运动带来的乐趣，从而激发参与运动的热情。比赛过程中，参与者不仅能够上场体验运动员的角色，还能在场下体验裁判员的角色，这种双重体验给参与者带来了不同的视角和收获，有助于丰富参与者的经历，达到培养参与者综合素质的目的。因此体验学习教育理论成为沙球运动课程进阶的重要依据。

四、沙球运动的价值

1.发扬传统，赋予童趣

沙包游戏是一项非常有趣的民间传统游戏，其来源已经难以考证。在孩童时期，沙包游戏是学生们最喜爱的游戏，成了一代又一代人的童年记忆。但进入20世纪后，随着经济的发展和娱乐方式的增多，沙包游戏已经逐渐淡出孩子们的视野。因此对沙包游戏进行拓展开发对于发扬民间传统体育项目，让孩子们找回“玩”味的童年非常有意义。

2.增加选择，助力“双减”

2021年7月，中共中央办公厅、国务院办公厅印发了《关于进一步减轻义务教育阶段学生作业负担和校外培训负担的意见》，并发出通知，要求各地区各部门结合实际认真贯彻落实。在这一背景下，为助力“双减”政策的落实，很多学校提出有“减”就要有“加”。体育作为“加”的部分承担起主要任务，在开齐、开足常规体育项目的同时，开发一些新颖的、有趣的体育项目，让孩子们有更多选择。

3.满足需求，释放天性

儿童天生喜欢跑、跳、嬉闹、拼抢等活动。沙球运动多以比赛和游戏为主，融合了跑、跳、对抗等技术元素，但是技术难度不高，孩子能很快上手参与活动或比赛，满足了孩子的比赛需求，也有利于释放孩子的运动天性。

五、沙球运动的特征

1.全年龄段运动

从幼儿园到小学、中学、大学，各学段学生都可以参与沙球运动，与国家倡导的终身体育吻合。

2. 全素质锻炼

在沙球运动中学生的身体运动素质能够得到锻炼，如弹跳、耐力、灵敏度、协调性等素质，还有人的社会品质如团结合作、互助互爱、勇敢坚韧等也可以得到锻炼。

3. 全天候运动

沙球运动可在室内进行，不受季节、天气、时间等条件限制，器材简单，可以全天候开展。

4. 全时段教学

沙球运动可以融入体育课、课间操、课外活动、校园比赛、拓展课程等，助力“教会、勤练、常赛”成为学校体育课程的常态。

5. 全覆盖人群

沙球运动的器材简单、场地简易、技术不复杂、娱乐性强、锻炼效果明显，适合各种人群参与活动，在户外休闲体育、社区群众体育、家庭亲子体育、康复体育等多方面都可以进行开发应用。

六、沙球运动的功能

1. 培养学生的身体灵敏度和反应能力

沙球运动的一大特点是攻防转换快，配合躲闪、传接等动作，参与者始终在防守和摆脱防守之间转换，有利于培养学生的身体灵敏度和反应能力。沙球运动中触球时间短，需要学生在短时间内做出判断—选择—执行，对于提升学生的思维反应速度、直觉思维能力、随机应变能力有极大的帮助。

2. 提高学生的专注力与执行力

沙球运动中连续的来回传接球，使参与者始终都在运动中，有利于提高学生的奔跑能力、心肺耐力等。比赛中为了能够接到球、接好球，参与者要时刻保持注意力高度集中，随时观察场上的变化，有利于提高学生的专注力与执行力。

3.培养学生的团队意识与合作配合能力

沙球运动中，参与者要想将球推进前场形成有效进攻，就必须要有同伴的协助配合，来回配合传接球将球推进前场，有利于培养学生的团队意识与合作配合能力。

4.发展学生的协调能力

沙球运动中大量的传、接、投、掷等动作不仅有利于培养学生的手眼协调能力，而且有利于缓解眼疲劳、预防近视。沙球运动中大量的跑动、躲闪、对抗等动作对于发展学生的肢体协调能力也起着重要的作用。

七、沙球运动的器材、场地、比赛规则

为了使沙球运动更加规范，我在实践中不断改进器材、场地和比赛规则。

1.器材

沙球运动的器材即沙球。在沙球球体形状的设计上，正十二面体是最符合要求的，而且利于抓握。球体不能太大，也不能太小，在反复对比学生的手型后确定球体直径为10~11厘米，这个大小适合抓握。球内填充谷糠、棉花或一些其他材料，做到重量适中，没有弹性，手感柔但不软，能确保球在空中有稳定的飞行姿态（图2-7-1）。

沙球和沙包的区别是沙球是球形，沙球曲面和掌心接触前会挤压空气，然后会发出“扑”的响声，这声音是比较悦耳的，可以刺激人的听觉。而沙包的形状多样，大小依各人的喜好而定，抓握时不会发出声音。因此在实践中学生更喜欢沙球。

图 2-7-1　沙球

2. 场地

根据沙球运动的特点设计了长方形球场。长方形球场长 21 米、宽 7 米（图 2-7-2），可以容纳两支队伍（6~8 人）同时比赛。场地上设置了得分区、发球区、防守区（线）、角球区。场地上所有线宽为 5 厘米，并且清晰可见。场地周围应设有安全区，离边线至少 1 米。

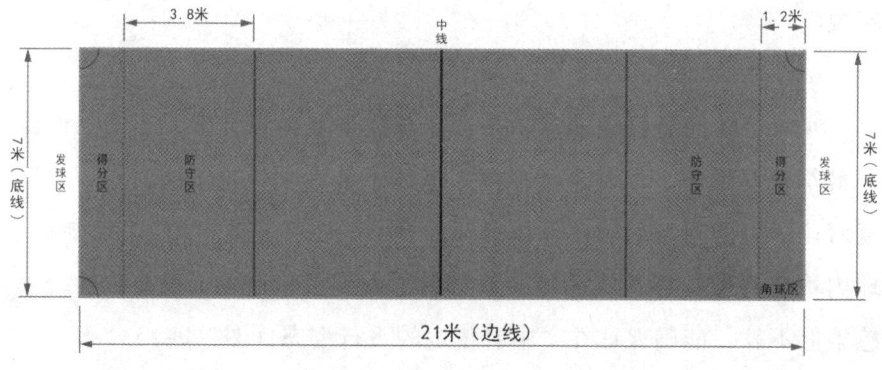

图 2-7-2　长方形球场

3. 比赛规则

为了规范沙球运动，在制定比赛规则时参考了篮球、足球、手球等项目，并结合沙球运动特性制定出了以下主要规则：①持球不能超过 3 秒；②持球不能移动；③得分规则等。在此基础上还制定了底线球、角球、违例、犯规等一系列比赛规则（具体详见附件2：沙球运动基本规则）。当然规则不是一成不变的，在以后的实践中会不断完善。

第三章　沙球运动基本技术

沙球运动的基本技术是指在沙球运动中合理、正确动作的总称。这些运动技术符合沙球运动的特点，符合沙球运动规则的要求，有利于运动员生理、心理能力的充分发挥，有助于运动员取得良好的竞技效果。

沙球运动的基本技术是伴随着沙球运动的发明而产生的。而成熟、完整、系统的基本技术是在沙球比赛实践中逐步形成和发展起来的。只有在基本技术不断完善的基础上，才能做到夯实根基不断发展。只有学好、用好基本技术，才能更好地提高个人的实战能力，才能更好地融入团队，达到技战术的完美统一。

沙球运动的基本技术是沙球运动的基石，扎实的基本技术可以有效减少体力的消耗，是运动员取得优异成绩的前提条件。每一项运动的最终表现形式是比赛，基本技术是比赛的基础，是实现战术安排的重要手段。因此，加强沙球运动基本技术的学习与训练，全面、熟练地掌握基本技术，对提升运动水平有着非常重要的作用。

沙球运动的基本技术分为进攻、防守两大部分，主要包括移动、持球、传接球、投接球、防守等技术。各部分动作虽然相互独立，但也是紧密联系的。训练中要着重抓好移动和传接球的训练，这是全面提高技术水平的关键。尤其是启蒙阶段的少年儿童，首先要练好移动技术，为传接球创造条件，因为没有良好的跑位意识，传球、接球和投球就不可能有好的效果。其次，以传接球为纽带的控制球技术也十分重要，这是进一步掌握其他技术的基础。因为一个球性好、灵活性强的儿童，学习和掌握其他技术一般是比较容易的。在教学、训练中应遵循技术训练的全面性原则，由易到难、循序渐进不断地练习，才能在比赛中运用好沙球运动的各项基本技能，并形成自己的技术风格。

为了便于教学训练，本章将详细阐述移动技术、持球技术、传接球技术、投接球技术、防守技术、位置技术六个沙球运动的基本技术。

一、移动技术

移动技术是沙球运动中为了改变位置、方向、速度，争取高度等所采用的各种脚步动作的总称，是沙球运动重要的基本技术之一。一切攻守技术或战术都要通过各种快速的脚步移动来完成。移动是沙球运动技术的基础，也是比赛中运用最多的一项基本技术，还是沙球运动技术教学的重要一环。

移动是比赛节奏快慢表现的首要条件。进攻中的移动，目的是摆脱对手的防守去完成接球、传球、投球和突破等；防守中的移动，目的是保持或抢占有利位置，防止被对手摆脱，并及时、果断地去封、抢、断球。

移动技术的实质就是争取时间和空间上的主动，占据有利的进攻和防守位置。移动技术具有行动频率快、方向莫测、攻守矛盾相互转化的特点。移动技术包括起动、急停、跑、跳、转身、滑步、跨步等动作。移动的动作结构主要是以踝、膝关节为轴，并辅以上肢动作合理组成。尽管移动技术种类繁多，在运用上千变万化，但万变不离其宗。身体控制和脚部蹬跨能力，是决定移动技术水平的根本因素。快速、灵活、协调的脚步移动是沙球运动移动技术的关键。沙球运动中快速的攻守转化需要参与者有良好的移动技术做保障。沙球运动移动技术的动作方法很多，经常使用的方法有以下几种。

1. 基本站立姿势

基本站立姿势是沙球运动中常用的准备姿势。合理的准备姿势为：两脚左右（或前后）开立，距离约与肩同宽，两膝弯曲，大、小腿之间的角度约130°；前脚掌着地，重心落在两脚前脚掌上；两臂张开，置于身体两侧，上体微向前倾；两眼平视，目视来球方向，如图3-1-1所示。这样的姿势既能保持身体平衡，又能快速转移重心，迅速移动。技术的关键是身体要弹动，时刻准备起动，又要有稳定站姿。比较常见的错误是全脚掌着地，重心落在全脚掌上，不利于起动。

图3-1-1　基本站立姿势

2. 起动

起动是指由静止状态到运动状态的一种技术动作，是获得位移速度的方法。进攻时，突然快速地起动，是摆脱防守的有效手段之一。

防守时，突然快速地起动，可以抢占有利位置。起动分为静止时起动和行进间起动，两者的相同点是利用脚下的蹬地动作迅速地移动重心；区别在于静止时起动是从站立姿势开始的，而行进间起动是在运动中突然改变方向。

动作方法：在站立（或动态）姿势基础上，上体迅速前倾，以跑动方向的异侧脚的前脚掌内侧，做短促有力的蹬地，迅速向前（侧）跑动，如图3-1-2所示。

图3-1-2　起动

※·练习方法

①保持基本站立姿势，看手势（听信号）起动快跑。

②原地小跑，看手势（听信号）起动快跑。

③原地踮脚尖快速跑动，连续转身，快速跑动。

④背对跑进方向，看手势（听信号）起动转身快跑。

⑤背对跑进方向，传接球，看手势（听信号）起动转身快跑。

⑥原地跳跃，看手势（听信号）起动快跑。

⑦原地小碎步，看手势（听信号）大步快跑。

3.急停

急停是指在快速移动中突然制动减速的一种方法，是各种脚步动作衔接和变化的过渡动作。沙球运动中急停多与其他技术结合在一起运用。急停分跨步急停和跳步急停两种。

（1）跨步急停。

动作方法：急停时先向前跨出一大步，用脚跟先着地并迅速过渡到全脚掌抵住地面，降低重心。第二步落地的同时，两膝深屈并内扣，身体稍侧转，两脚尖自然转向前方，前脚掌内侧用力抵住地面制动向前的冲力，两臂屈肘自然张开，然后上体迅速自然前倾帮助控制身体平衡，如图3-1-3所示。

图3-1-3　跨步急停

（2）跳步急停。

动作方法：跑动中用单脚或双脚起跳，使双脚稍有腾空，上体随之自然前倾，两脚平行或前后落地（略宽于肩）形成进攻基本站立姿势，如图3-1-4所示。

图3-1-4　跳步急停

※·练习方法

①蛇形跑做急停动作。

②跑动中（听信号）做急停动作。

③跑动中接球做跨步急停动作。

④沙球自抛自接后做跳起接球急停动作。

⑤沙球传接上步急停。

⑥折返跑（听信号）做急停练习。

⑦慢跑或中速跑接球做跳步急停（跨步急停）动作。

4.跑

跑是为完成攻守任务争取时间的脚步动作。在沙球运动中大量运用直线侧身跑和弧线侧身跑技术，跑动时要时刻观察来球方向，跑动中随时准备接球。跑的方法还包括侧身跑、变速跑、变向跑、后退跑、弧形跑等。

（1）侧身跑。

动作方法：跑动时，头部和上体转向侧面或有球的一侧，脚尖朝着跑动方向。跑动时，既要保持奔跑速度，又要保持身体平衡，双手自然放在腰侧，注意密切观察场上情况，如图3-1-5所示。

图3-1-5　侧身跑

（2）变速跑。

动作方法：加速时上体前倾，蹬地突然而短促有力；减速时直立上体，步幅放大并缓冲抵地，缓慢减速。加速时动作如图3–1–6所示。

图3–1–6　变速跑

（3）变向跑。

动作方法：以右向左变向跑为例，队员跑动中最后一步用右脚前脚掌制动，同时脚下内侧蹬地、屈膝、脚尖稍向内扣，腰部随之左转，重心左移，上体稍前倾，同时左脚向左前方跨出一小步，右脚再迅速向左腿的侧前方跨出一大步，如图3–1–7所示。

图3–1–7　变向跑

（4）后退跑。

动作方法：后退跑时，用两脚的前脚掌交替蹬地做后退动作，两臂屈肘摆动，保持平衡，并注意场上变化，如图3–1–8所示。

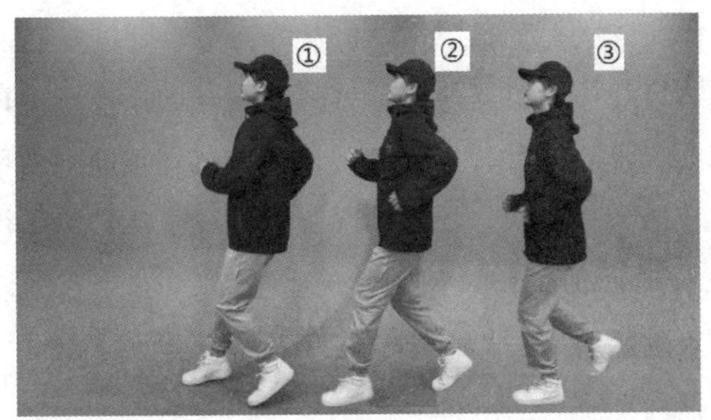

图 3-1-8　后退跑

（5）弧形跑。

动作方法：跑动时，重心稍向内侧倾斜，两手臂自然屈肘于体侧摆动，随时注意来球，准备接球，如图 3-1-9 所示。弧形跑在实践中运用比较多。

图 3-1-9　弧形跑

※・练习方法

①绕场慢跑，听信号加速跑。

②各种形式起跑。

③绕桩跑。

④20 米曲线跑，直线跑。

⑤弧线追逐跑。

⑥前进跑，后退跑。

5.跳

跳是指队员在场上争取高度及远度的一种动作方法。在沙球运动中常用于跳起投球、跳起传球、跳起接球和跳起抢断等进攻手段。在沙球运动中攻防转换很快，场上情况复杂多变，运动员必须使用跳跃争取空中较长时间的停留，使动作充分完成。跳分为单脚跳、双脚跳、跨步跳等跳跃形式。

（1）单脚跳。

动作方法：起跳时，踏跳脚的脚后跟先着地，迅速过渡到脚前掌用力蹬地，同时提腰摆臂，另一腿快速屈膝上提，当身体达到最高点时，摆动腿自然伸直与起跳腿合并。落地时，双脚要稍分开，注意屈膝缓冲，以便衔接其他动作，如图3-1-10所示。单脚跳多在助跑情况下运用。

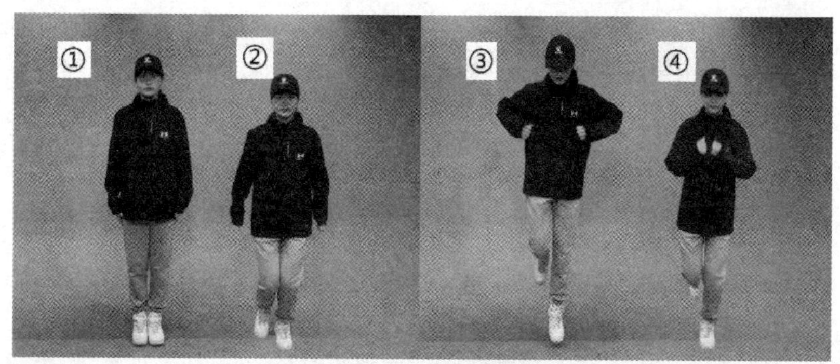

图3-1-10　单脚跳

（2）双脚跳。

动作方法：起跳时，两膝弯曲降低重心，两脚用力蹬地，同时提腰摆臂向上起跳，跳在空中时，身体自然伸展控制平衡。落地时，前脚掌先落地，屈膝缓冲，注意保持身体平衡，以便衔接下一个动作，如图3-1-11所示。双脚跳多在原地运用，也可在上步、并步、助跑、跳接球时运用。

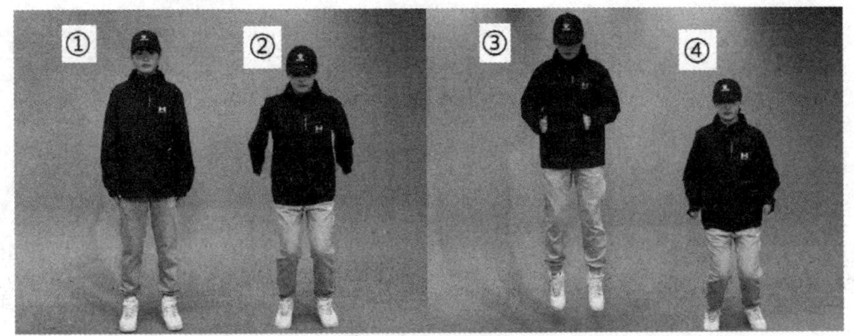

图3-1-11　双脚跳

（3）跨步跳。

动作方法：后腿用力蹬伸，前腿屈膝前顶、送髋，落地时小腿积极后拉，脚掌扒地，手臂上提摆至肩高制动，有明显的腾空时间。要求尽量做到前腿最大限度向前上方摆起折叠，后腿伸直，步幅尽量要大，如图3-1-12所示。

图3-1-12　跨步跳

※・练习方法

①单双脚交替连续跳跃。

②接球，单脚起跳。

③助跑，双脚落地。

④助跑，单脚起跳，双脚落地。

⑤助跑，跨步跳过低障碍物。

⑥连续跨步跳。

⑦10米计时跨步跳。

6.转身

转身是指队员以一脚作为中枢脚进行旋转，另一脚蹬地向前（后）跨出，改变原来身体方向或位置的一种动作方法。转身分为前转身和后转身，在沙球运动中为了摆脱防守或改变身体方向完成传、接球或投球的转身一般是后转身。

（1）前转身。

动作方法：移动脚向中枢脚脚尖方向跨出，改变身体方向为前转身。转身时，中枢脚前掌碾地旋转，移动脚蹬地并迅速跨步，同时转腰转肩并保持身体平衡，如图3-1-13所示。

图3-1-13　前转身

（2）后转身。

动作方法：移动脚向中枢脚脚跟方向跨出，改变身体方向为后转身。转身时，中枢脚碾地旋转，移动脚蹬地并向自己身后撤步，同时腰胯主动用力旋转，身体重心随之转移，保持身体平衡。后转身可在原地或行进间运用，如图3-1-14所示。

图3-1-14　后转身

※·练习方法

①180度原地前转身或后转身。

②直线跑接360度转身。

③直线跑，360度转身，加速跑。

④跳起，空中180度转身，加速跑。

⑤折返跑练习。

⑥转身绕杆练习。

7.步法

沙球运动中融合了滑步、撤步、跨步、交叉步等各种步法，这些步法主要运用于无球移动中。灵活运用这些步法对提高沙球运动竞技水平有很大帮助。

（1）滑步。

滑步是移动的一种主要方法，它易于保持身体平衡，可向任何方向移动。

动作方法：两脚平行站立，两膝弯曲，上体略前倾，两臂侧伸。向左侧滑步时，左脚向左迈出的同时，右脚蹬地滑动，向左脚靠近，两脚保持一定距离，左脚继续跨出，如图3-1-15所示。向后滑步时，一只脚向后撤步着地的同时，前脚紧随着向后滑动，保持前后开立姿势。向前滑步时，前脚向前迈出一步，前脚着地的同时，后脚紧随着向前滑动，保持前后开立姿势。滑步时，保持屈膝降低重心，身体不要上下起伏，两腿不要交叉，重心保持在两脚之间，两臂伸开，两眼注视对方。

图3-1-15　滑步

（2）撤步。

撤步是前脚向后撤步的一种方法，通常用于调整与对手的距离、改变自身的位置和反击。

动作方法：撤步时，前脚的脚掌内侧蹬地，同时腰部用力向后转动，后脚碾蹬地面，前脚快速后撤，紧接滑步调整位置。前脚蹬地后撤要快，后脚碾地扭腰转髋要猛，后撤角度不宜过大，身体不要起伏，如图3-1-16所示。

图3-1-16　撤步

（3）跨步。

跨步多用于快速进攻、断球、掩护时，实用性非常高，有些时候也可以配合交叉步来使用。

动作方法：跨步时两膝弯曲，左（右）脚用力蹬地，右（左）脚向前侧跨出一大步，蹬地脚随后跟上半步或一小步，身体重心即移至跨步脚上，迅速到达位置，如图3–1–17所示。

图3–1–17　跨步

（4）交叉步。

交叉步是指队员为了迅速及时地完成身体移动，确定接球、投球等最有利的进攻位置而采取的一种双脚交叉的步法。交叉步分为前交叉步和后交叉步两种。

动作方法：左（右）脚经右（左）脚前方，向右（左）跨出称为前交叉步；左（右）脚经右（左）脚后方，向右（左）跨出称为后交叉步。以前交叉步为例，将右脚经左脚前方，向左迈出一步，与左脚保持一定距离，随后左脚迅速向左前方迈出，完成前方叉步，如图3–1–18所示。

图3-1-18　前交叉步

※・练习方法

①看手势做各种步法。

②10米折返跑跨步练习。

③四角滑步、绕步练习。

④各种步法接球练习。

⑤跑、跳、步法移动综合练习。

⑥原地交叉步练习。

⑦上步接球，做前交叉步或后交叉步。

二、持球技术

持球简单的理解就是手拿球或抓球，持球的方式有双手持球和单手持球两种。正确掌握持球方法能使动作协调、衔接流畅、传球准确、接球到位。在沙球运动中有“持球不能移动”的规则，但是可以围绕中枢脚转动，因此持球和脚步的衔接就显得非常重要，对持球的质量要求也很高。持球是传接球的起点也是终点，所以持球的好坏直接影响传接球的质量。只有熟练掌握正确的持球方法，才能在拿到球时迅速、准确、有力地将球传投出去。

1. 双手持球

两手持球于体前上方，五指自然分开相对呈“八”字形，握住球的两侧，手指和手掌接触球，两肘关节略外张，如图3-2-1所示。

图3-2-1　双手持球

2. 单手持球

五指分开持球，用指根以上部位触球，掌心空出，用五指的最后一个指节的合力，将球牢固拿住，持球于体侧，在持球的过程中要保持手腕的灵活性，如图3-2-2所示。在沙球运动中用得最多的持球技术就是单手持球。

图3-2-2　单手持球

※·练习方法

①持球抓放。

②单手持球做传球假动作。

③双手放球单手抓球。

④双手放球左右手交替抓球。

⑤球掉落膝盖以下抓球。

⑥正抛反抓球。

三、传接球技术

传接球技术是沙球运动的主要技术之一，是指在沙球运动中进攻队员之间有目的地支配球、转移球的方法。它是进攻队员在场上相互联系和组织进攻的纽带，也是实现战术配合的具体手段。传接球质量的好坏，直接影响战术执行质量以及实施进攻的成功率的高低，甚至左右比赛的胜负。沙球运动中有“持球不能超过3秒”的规则，因此要求运动员在比赛中运用传接球技术时及时、多变、准确、巧妙、隐蔽地利用球的转移调动防守，打乱对方的防守部署，创造良好的进攻机会，提高进攻效率。

传接球的表现形式是一种双向联系，双边活动必须有两名队员配合完成技术动作。传接球动作本身并不复杂，但是都是在场上复杂的环境下进行的，要求队员传球时不仅具有明确的目的性，超越自己的对手，避免对手抢断，而且要为同伴接到球后顺利地完成下一个动作提供方便。

（一）传球技术

1.单手肩上传球（以右手为例）

单手肩上传球是一种常用于中远距离传球的方法。传球时力量大，球飞行速度快，适合在发动长传快攻时运用。

动作方法：两脚开立，左脚在前右脚在后，右手持球于肩上，右手传球时，右脚向前跨出。出球前的一刹那，持球手的手腕向后压，手的掌心朝前，传球时前臂向前作弧线摆动，手腕快速向前弹出，食指、中指、无名指拨球将球传出，如图3–3–1所示。

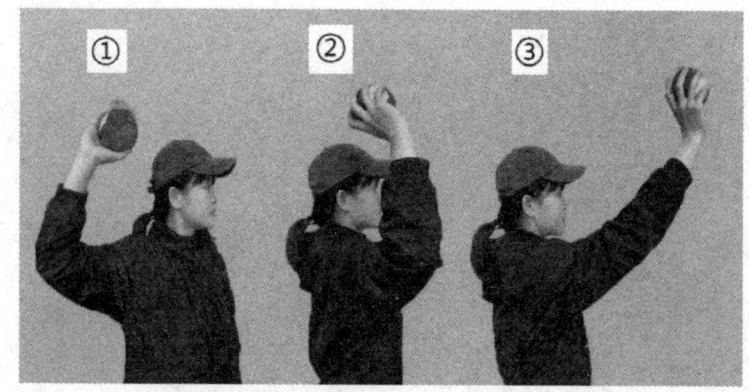

图3–3–1　单手肩上传球

2.单手体前甩腕传球（以右手为例）

单手体前甩腕传球是近距离转移或突破防守时经常采用的传球方法。单手体前甩腕传球具有快速、及时、隐蔽、衔接流畅的特点，通常和跑、跨步等移动技术相结合，具有很强的攻击性。

动作方法：右手持球做甩传时，将右手弯曲持球于胸前，利用手腕的前旋力量迅速将球传出，如图3–3–2所示。

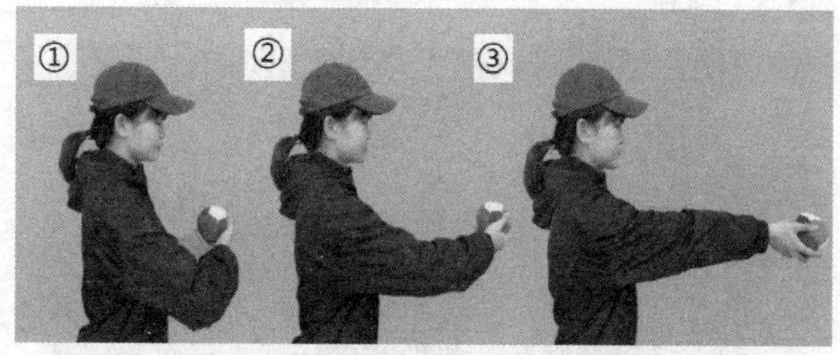

图3–3–2　单手体前甩腕传球

3.单手体侧传球（以右手为例）

正面传球难度很大时，一般采用单手体侧传球，例如遇到高大的防守队员时。单手体侧传球具有目标明确、稳定性好的特点。在积极进攻时，队员可以利用传球时间差观察场上变化并组织进攻。

动作方法：持球于体侧，大臂带动小臂，通过手腕的力量将球从体侧传出，如图3-3-3所示。

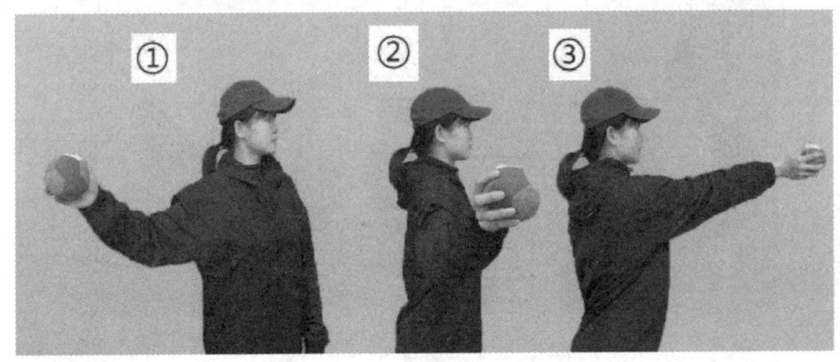

图3-3-3　单手体侧传球

4.单手体前传球（以右手为例）

单手体前传球通常用于近距离传球、队员之间交叉换位传球、掩护传球、来回倒球，具有出手速度快、隐蔽性强、传球节奏快的特点，通常结合步法使用，具有很大的粘联性，是全队进攻的纽带。

动作方法：持球于胸前，掌心朝前，通过小臂带动手腕拨指将球传出，如图3-3-4所示。

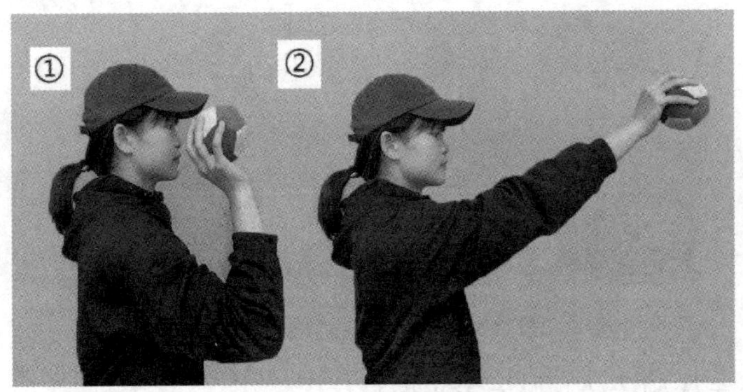

图3-3-4　单手体前传球

5.单手背后传球（以左手为例）

单手背后传球是一种隐蔽性好，但是难度比较大的传球方法，要求队员之间有比较好的默契才能完成，主要用于在对方前场发起的突然进攻。

动作方法：持球并侧对传球方向，传球时上体前倾，手自然后摆，随后急促扣腕拨球，利用前臂和手腕、手指的后甩力度将球传出，如图3-3-5所示。

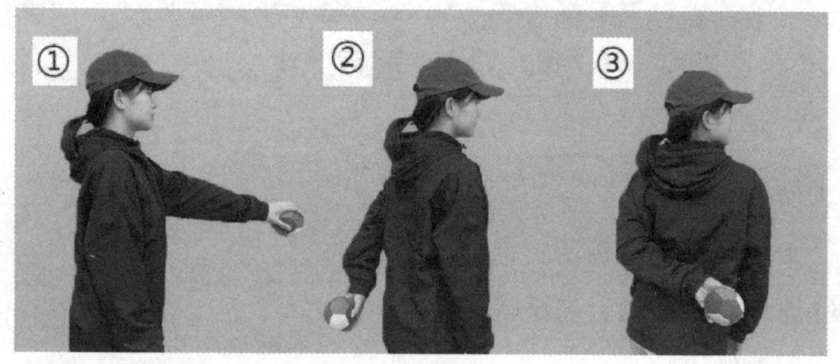

图3-3-5　单手背后传球

6.单手低手传球（以右手为例）

单手低手传球是一种传递式的传球方法，常用于队员之间交叉换位传球、掩护传球、来回倒球，具有传球节奏快的特点。

动作方法：右手持球于腰部或腰部以下部位，传球时，前臂内收，手腕向前弯曲，拨指将球传出，如图3-3-6所示。

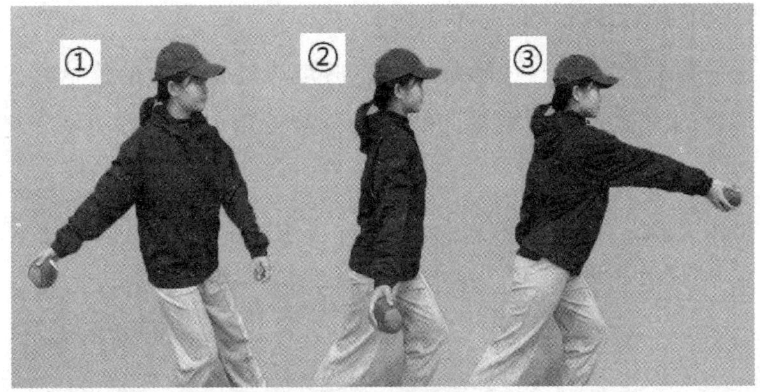

图 3-3-6　单手低手传球

※・练习方法

①原地高抛接球。

②走动高抛双手接球。

③原地右手高抛，左手接球。

④原地抛远。

⑤单手肩上抛球。

⑥不同距离练习抛传动作。

⑦原地投球。

（二）接球技术

沙球运动中的接球大多数是在跑动、跳起等动态中，或有防守干扰的情况下完成的。由于沙球球体没有弹性、球体小，且沙球运动中攻防转换速度快，场上的情况瞬息万变，因此接球难度大、要求高，不仅要全力接好每一个来球，而且要在接球时衔接下一个动作。接球动作由准备接球、接球和接球后动作三个部分组成，而无论哪种接球，都要注视来球、五指张开，接触到球后手臂要随球后引，护好球，准备下一个动作。接球的方法分为单手接球和双手接球。单手接球灵活多变，是沙球运动中常用的接球方法；双手接球多用于中远距离接球。

1. 单手接球

沙球运动中攻防转换很快，而单手接球范围大，接球灵活，因此单手接球被广泛运用于沙球运动中。学好单手接球至关重要。

动作方法：单手接球时，接球手向来球方向伸出，五指自然分开，掌心正对来球，手腕、手指放松。当手指触球时，顺球的来势迅速收臂，置球于身体前方或侧方，保持身体平衡，做好下一个进攻动作的准备姿势，衔接下一个进攻动作，如图3-3-7所示。

图3-3-7　单手接球

2. 双手接球

双手接球动作具有接触球时间长、接球稳、不易丢球等特点，一般用于中远距离接球。

动作方法：站立或跑动中，两臂自然地向来球方向伸出，五指张开，触球时双手后引，迅速调整，准备下一个动作，如图3-3-8所示。

图3-3-8　双手接球

※·练习方法

①原地正手由下向上抛球，反手肩上接球。

②原地抛球击掌接球，原地高抛双手接球。

③两人对传接球。

④三人对传接球。

⑤一人接多人传球，原地接长传球。

⑥两人全场中路传接球。

⑦三角跟进传接球。

四、投接球技术

投接球技术是沙球运动中一项特有的技术，是发生在两个队员之间，一名队员负责投球，一名队员负责接球，两人配合完成的一项技术。一名队员在得分区外跃起接本队队员的投球，接球后人、球同时落在得分区视为得分，因此投接球技术也是得分的主要手段。在沙球运动中利用投接球技术得分是一切技战术运用的最终目的，是攻守矛盾的焦点，是整个沙球运动技术体系的核心。加强投接球技术的教学和训练，正确掌握并熟练运用投接球技术，不断提高投接球配合度、完成度，对于学习沙球运动技术具有十分重要的作用。

投接球技术形式多样，内容丰富，但主要技术可根据跃起的支撑步法和跳起方式来确定投接球技术的名称，可以分为原地投接球、原地跃起投接球、行进间跃起投接球三种主要技术。沙球运动场上的攻防转换很快，要求场上队员能够根据情况随时做出投接球动作，并完成得分。投接球时要做到果断、快速、准确，这对运动员的心理素质要求也很高。

1.原地投接球

原地投接球作为沙球运动的入门动作、常规的练习手段被广泛运用，一般用于中远距离的投接球。

动作方法：两人配合一投一接，投球队员两脚左右或前后开立，两膝微屈，重心落在前脚掌上。投球时，下肢蹬地发力，右臂向前上方抬肘伸臂，手腕向前弯屈，食指、中指用力拨球，通过指端将球投出，接球队员站于投球队员对面，采用双手或单手接球，如图3-4-1所示。

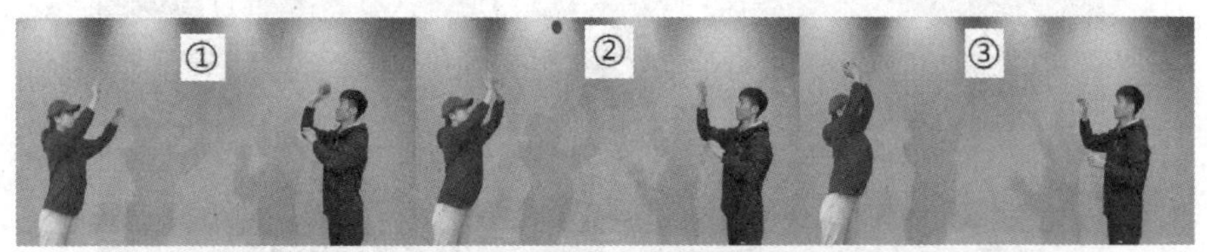

图3-4-1　原地投接球

2.原地跃起投接球

原地跃起投接球是沙球运动中常用的投接球动作，也是重要的得分手段，在实战中被广泛使用。

动作方法：两人配合一投一接，投球队员两脚左右或前后开立，两膝微屈，重心落在前脚掌上。投球时，下肢蹬地发力，右臂向前上方抬肘伸臂，手腕向前弯屈，食指、中指用力拨球，通过指端将球投出，接球队员站于投球队员对面，判断球的落点后跃起接球，可以采用双手或单手接球，如图3-4-2所示。

图3-4-2　原地跃起投接球

3.行进间跃起投接球

行进间跃起投接球，是指行进间上步跃起接球的动作，可以借助跑将对手甩开，抢占有利位置完成投接球，是得分的重要手段之一。

动作方法（以右脚为例）：行进间右脚上前一步，左脚惯性向前跨一步落地，屈膝蓄力起跳，双脚落地前接住球，如图3-4-3所示。

图3-4-3　行进间跃起投接球

※·练习方法

①助跑起跳自抛接练习。

②助跑起跳对墙投球练习。

③两人一组传-接-投球练习。

④行进间投球练习。

⑤两人一组助跑投接球练习。

⑥行进间低手抛投练习。

⑦行进间传-接-投球练习。

五、防守技术

防守技术是指比赛中，防守队员根据比赛的需要采取合理的脚步移动、手臂动作和身体堵截来抢占有利位置，并破坏或阻扰对方的进攻，以夺取控球权为目的的行为总称。在沙球运动中防守和进攻同样重要，在实战中如果没有较好的防守技术与防守能力，就不能有效地阻止对方的进攻。在实战中运用防守技术目的非常明确，即破坏对方传球、接球，防止对方突破、投球等行为。

沙球运动中主要有个人和集体两种防守技术，两者是相互促进、相辅相成的，集体防守水平的高低取决于个人防守能力，个人防守能力的发展促进集体防守水平的提升。提升防守水平需要训练脚下动作，提高预判、迅速到位的能力；需要熟练掌握防守的封、抢、断等各项技术；需要锻炼防守队员不怕对手，勇于接触和对抗的魄力；需要学习合理的防守战术、主动积极的防守策略。防守技术包括防守移动技术、防守无球队员技术、防守持球队员技术等。

（一）防守移动技术

防守移动技术主要涉及的是脚下动作，依靠灵活、快速的脚步移动到防守位置来防堵对方的进攻移动路线。防守时身体姿势要正确，准备随时向任何方向移动。前文对移动技术进行了分析，包括起动、急停、跑、跳、转身、滑步、跨步等动作，这里不再复述。下面主要阐述的是防守移动技术中的特有技术——绕步和抢步。

1.绕步

绕步是主要用于进攻前绕过防守队员，抢占有利位置接球或投球的一种步法。

动作方法：基本站立姿势，右（左）脚向右（左）斜前方跨出一步，左（右）脚蹬地后迅速跟随，右（左）脚绕过对手身体，再向左（右）斜前方跨出或跃出，如图3-5-1所示。

图3-5-1　绕步

2.抢步

抢步是防守队员突然行动抢球、破坏对手接球的一种步法。

动作方法：如右脚跨出，则左脚先用力蹬地，右脚迅速前跨，同时左脚及时跟上，贴近对方身前，同时双手前伸做出干扰和防守动作，蹬地和跨步动作要衔接连贯，身体保持稳定，如图3-5-2所示。

图3-5-2　抢步

※・练习方法

①放置障碍物做绕步练习。

②一对一防守做绕步练习。

③前后绕步练习。

④放置障碍物做抢步练习。

⑤一对一防守做抢步练习。

（二）防守无球队员技术

防守无球队员技术是沙球运动防守技术之一，是指对无球队员的进攻与行动路线采取堵截、干扰和破坏的策略或技巧，包括防纵切、防横切、防底线等，目的是切断对方“地面”和“空中”的路线，并且抓住机会由防守转为进攻。防守无球队员的时间，一般占全场时间的百分之七十左右。因此在沙球运动中，防守无球队员的人数、时间、防守质量直接影响全队防守战术的运用效果。高质量的防守无球队员技术对运动员的作风、能力、意志提出了更高的要求。防守无球队员技术主要有选位、拦截、阻挡三种。

1.选位

在沙球运动中要选择既能看到球，又能控制对手的位置，始终做到“人球兼顾”。

动作方法：防守人应处在人球之间略偏向有球的一侧，要相对靠近接球队员，面对距离较远的对手时，应以协防为主，如图3-5-3所示。

图3-5-3　选位

2. 拦截

拦截的目的是防守无球队员的空切、穿插，不让对手切入有利空间。拦截对于破坏对手的进攻非常重要。

动作方法：根据预判，抢先占据对手朝球方向的移动路线，并用身体堵截对手的移动路线，双臂弯曲置于体前进行自我保护，如图3-5-4所示。

图3-5-4　拦截

3. 阻挡

阻挡是防守无球队员时常用的手段。在场上要注意观察判断，根据对手的动作随时做出调整，进行有效阻挡。要先“阻”后“挡”再“截”，三个动作连贯协调，才可以做到有效防守。

动作方法：判断来球路线，用身体挤靠、挡住对手移动路线，如图3-5-5所示。

图3-5-5　阻挡

※·练习方法

①一对一练习防空切。

②一对一练习防底线。

③一对一练习防摆脱接球。

④根据无球队员与球的距离，调整站位练习。

⑤一对一协防，调整防守位置。

⑥一对一阻挡防守。

⑦一对二防传接球练习。

（三）防守持球队员技术

防守持球队员技术是沙球运动防守技术之一，是指对持球队员的进攻行为采取封堵、干扰和破坏的策略与方法。沙球运动中有“持球不能移动”的规则，因此防守持球队员时的主要任务是干扰传球、防止投球得分，目的是积极阻扰与封锁，干扰对手投球时机、破坏对手投球节奏，不让对手轻易地传球，迫使对手传球失误。在沙球运动中攻防转换很快，要求队员时刻注意攻防的转换，随时抢占优势位置，为进攻创造机会。沙球运动中防守持球队员技术有贴近封球、抢断球两种。

1.贴近封球

沙球运动中进攻队员控球，对于防守队员来讲是一种直接威胁，贴近封球是一种有效化解威胁的手段。

动作方法：基本姿势站立，两眼盯球，上体与对手保持适当距离，两臂上伸，掌心朝前对准来球，手指自然张开。在对手出球的瞬间，两臂迅速上举，对准出球的位置，用双手手臂封球、挡球，如图3-5-6所示。

图3-5-6　贴近封球

2.抢断球

抢断球是沙球运动中最具攻击性的防守技术，是由守转攻的标志性动作。运用抢断球技术能直接破坏对方的进攻，为反击创造有利条件，准确的判断、突然的移动、合理的手部动作是抢断球的基础。如果抢断不成功要尽快恢复防守姿态。

动作方法：选择合适位置，做好准备姿势，迎球起动，接近球时，伸展上体，向来球的方向伸出双手抢球，抢到球后，连贯地做好后续进攻动作，如图3-5-7所示。

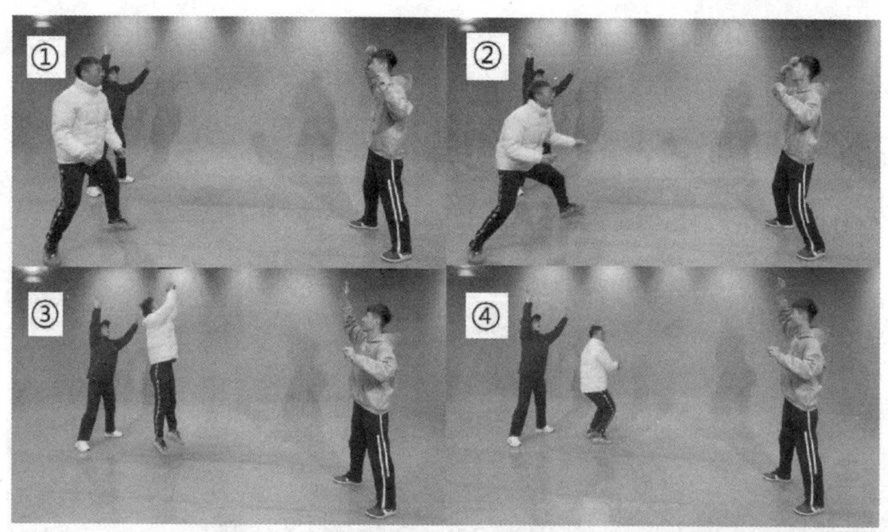

图3-5-7　抢断球

※·练习方法

①原地模拟贴近封球练习。

②一对一贴近封球练习。

③原地跳起贴近封球练习。

④防守贴近封球练习。

⑤二对一抢断球练习。

⑥连续抢断球练习。

⑦边卫断球练习。

六、位置技术

沙球运动采用四人制，场上主要有前锋、中卫、后卫三种位置。在不同的比赛中，场上位置会根据战术的不同进行变化。不同的位置有不同职责，前锋直插前场就像“尖刀”，是快攻的主要执行者，是得分的王牌。中卫位于中场，在场上处于纽带的位置，协作前场进攻并负责后场的防守。后卫处于后场，是最后一道防线，是进攻的组织者，是场上的核心，肩负带领全队进攻的任务，是执行作战计划的负责人。四人制位置技术如图3-6-1所示。

图3-6-1　四人制位置技术

※・练习方法

①前锋快速切入接球进攻。

②前锋、中卫的协同进攻练习。

③前锋、后卫突分练习。

④前锋留底线进攻练习。

⑤中卫上提掩护接球进攻练习。

⑥后卫和中卫的传球进攻练习。

第四章　沙球运动基础战术

沙球运动战术是指在比赛和训练中队员个人技术的合理运用和同伴之间协同配合的组织形式。战术运用的目的是运用队形、路线、攻守点面结合等，制约对手，掌握比赛的主动权。但实际更重要的任务是在比赛中了解对手，以战术制约对手。根本原则是在比赛规则下发挥我方球队的长处，以遏制对方球队的长处，并且在比赛中实时调整、应对实际情况，达到动态制衡的目的从而赢得比赛。由于沙球运动技术结构不是很复杂，因此沙球运动最大的魅力就是同伴之间的战术协同打出精妙的配合。沙球运动战术主要有进攻基础战术、防守基础战术两种。

一、进攻基础战术

在沙球运动中进攻基础战术主要是两人或三人之间有目的、有组织、协同动作所组成的简单配合进攻策略，是组织全队战术的基础。全队完整的进攻要求场上队员协同配合，但进攻基础战术还是要由两三人来配合执行。因此只有熟练地掌握好两三人之间的攻守配合，才能使全队战术更加灵活，有效发挥出全队的整体实力。

进攻基础战术主要有交叉换位配合、传切配合、掩护配合、策应配合和快攻，每个战术各具特点，现将各种进攻战术配合分别叙述如下。

（一）交叉换位配合

交叉换位配合是利用队员之间交叉跑动互换位置和传接球技术组成的简单配合。目的是在对方场区交叉跑动打乱对方的防守部署，从而获得得分机会。

1.交叉换位配合的方法

（1）前场换位配合。

左边锋2和左卫3交叉换位，持球队员1将球传给2。这是最简单的换位，也是最实用的配合。由于规则规定“持球不能超过3秒”，所以跑位和传球要掌握好时机，如图4–1–1所示（图中虚线“- - -”为得分区的边线，实线“——”为防守区的边线，虚线箭头“←”为传球路线，实线箭头“←”为队员跑动路线，后图同）。

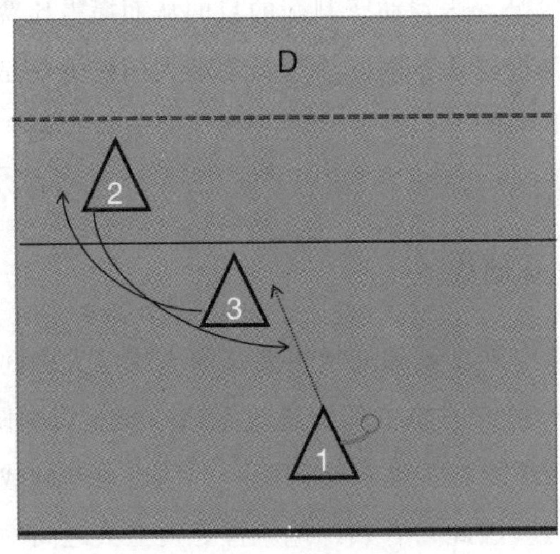

图4–1–1 前场换位配合

（2）中场换位配合。

左卫2和右卫3交叉换位，持球队员1将球传给3，或者可以继续传球给向前场跑进的2，2接球，再进行下一个配合，如图4-1-2所示。

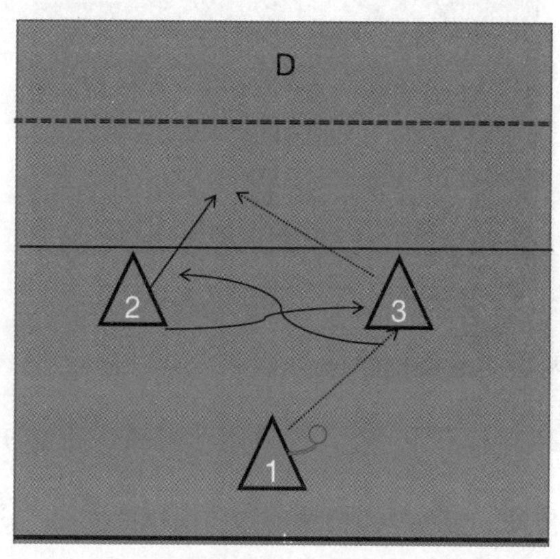

图4-1-2　中场换位配合

（3）三人交叉换位直切配合。

中卫1传球给左卫2，中卫1传球后跑动到前场附近的位置，接2的回传球，2传球后跑动到右边，接1的回传球，3快速直切插上，起跳接2的传球完成进攻得分，如图4-1-3所示。

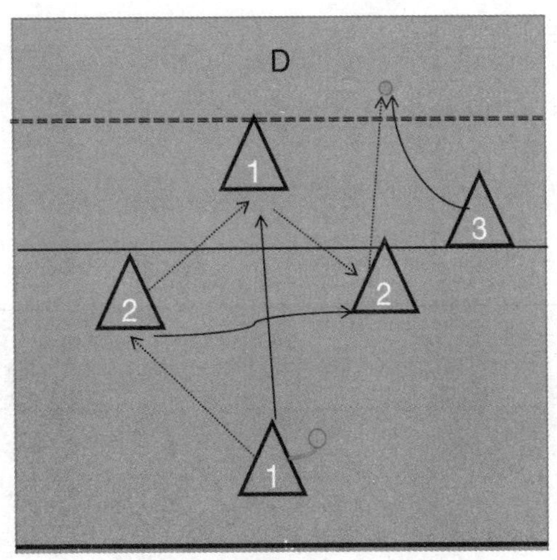

图4-1-3　三人交叉换位直切配合

（4）三人两次交叉换位配合。

中卫1传球给右卫3，而后跑动斜插接3的回传球，3跑动接1回传球，3继续传球给跑向前场的2，2起跳接球完成进攻得分，如图4-1-4所示。

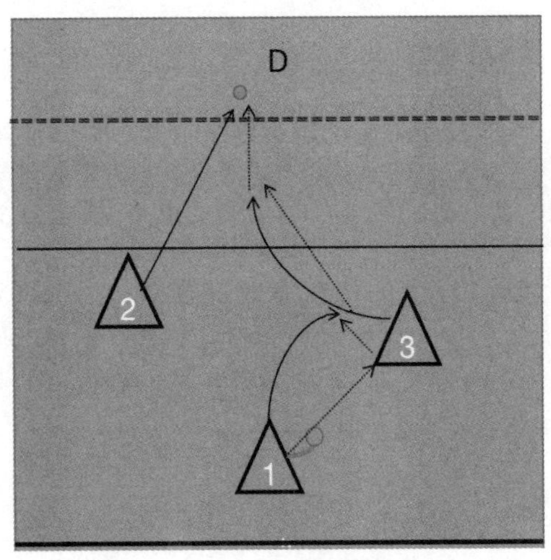

图4-1-4　三人两次交叉换位配合

2. 交叉换位配合的要求

（1）交叉换位要突然且快速，持球和不持球的队员都要集中注意力，持球者要用投球或假动作吸引对手，不持球队员在移动中要随时准备接球并进攻。

（2）快跑中熟练地传接球是完成交叉换位配合的必要技术，传球时可多采用单手的低位传球等隐蔽传球方法。传球应及时到位，不影响同伴的速度，使同伴接球后能立即投球或进行下一步传球。

（3）交叉换位要对防守构成威胁，迫使对手不停地调整防守位置，使对手在防守上产生错觉，造成移动不及时，从而给进攻者制造突破、投球时机。

3. 交叉换位配合的练习方法

（1）两人交叉跑位练习。

左卫2和右卫1交叉换位跑动，如图4-1-5所示（图中粗虚线“■■■■”表示其他队员排在1号队员和2号队员的后面进行循环练习）。

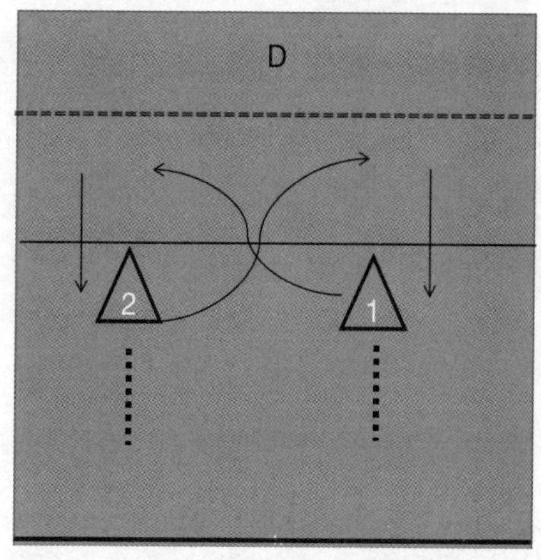

图4-1-5　两人交叉跑位练习

（2）两人交叉换位投球练习。

右卫3和左卫2做交叉跑动，教练1传球给跑动中的2或3，如图4–1–6所示。

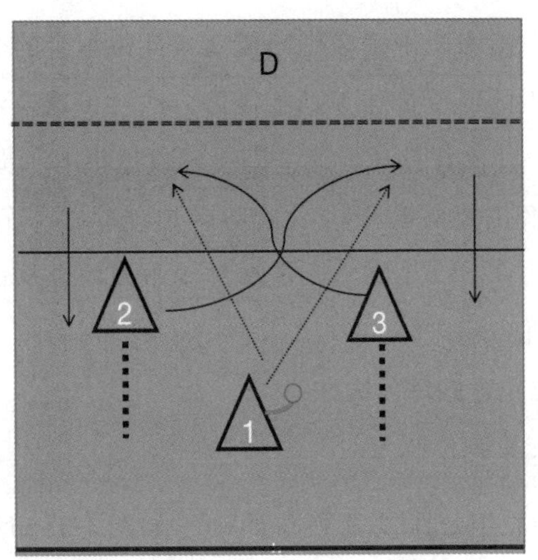

图4–1–6　两人交叉换位投球练习

（3）三人“Z”字形传球交叉换位跑动练习。

教练1传球给跑动中的左卫2，左卫2传球给右卫3，右卫3继续传球给2，2跳起接球并进入得分区，如图4–1–7所示。

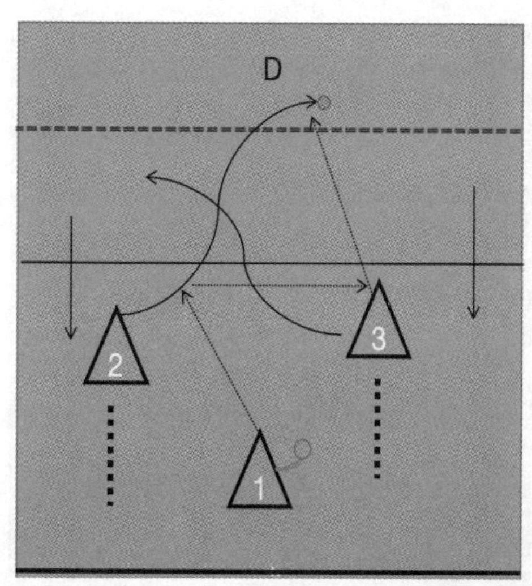

图4-1-7　三人“Z”字形传球交叉换位跑动练习

（二）传切配合

传切配合是进攻战术的基础配合战术之一，是利用传球和切入技术组成的简单配合。在实际应用中的表现方式为进攻队员传球后，以变向、变速跑结合假动作摆脱对手，快速切入接球完成投球。这种配合多在前场进行，非常有攻击性。

1.传切配合的方法

（1）中卫和右卫的传切配合。

中卫1传球给右卫2后，先向左移动，或利用假动作吸引对方防守队员堵防，然后突然变向向右切入摆脱对手①的防守，快速由中路切入，接2的回传球完成进攻得分，如图4-1-8所示。

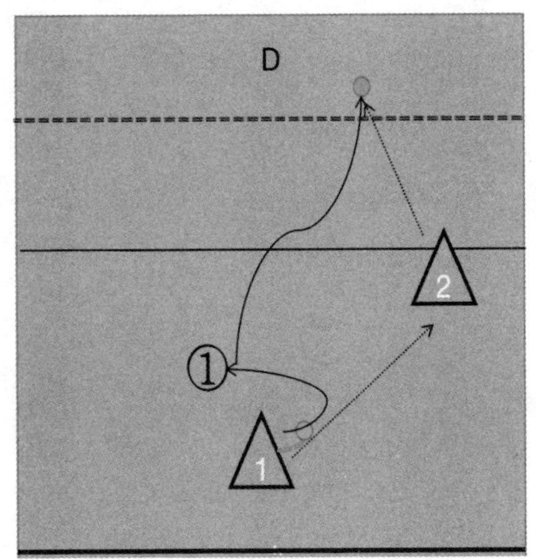

图4-1-8　中卫和右卫的传切配合

（2）右卫快切配合。

中卫1传球给移动中的左卫2后，左卫2遇到对手①的防守，左卫2传球给快速切入的右卫3，右卫3接球完成进攻得分，如图4-1-9所示。

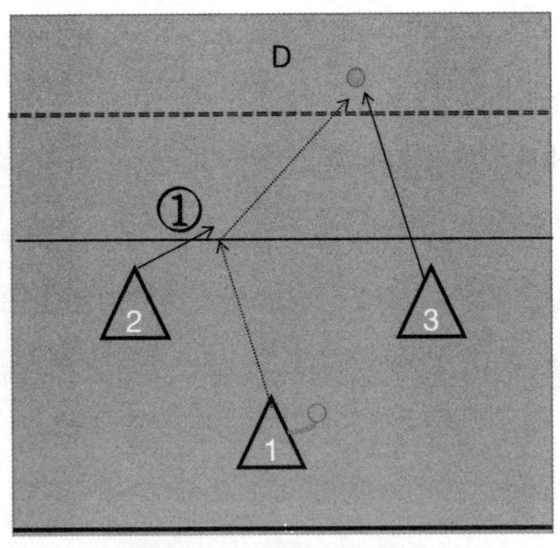

图4-1-9　右卫快切配合

（3）卫线背插的传切配合。

左卫1传球给2，2接球后传给右卫3，右卫3用假动作吸引对手①的防守，传球给切入的1，1接球后完成进攻得分，如图4-1-10所示。

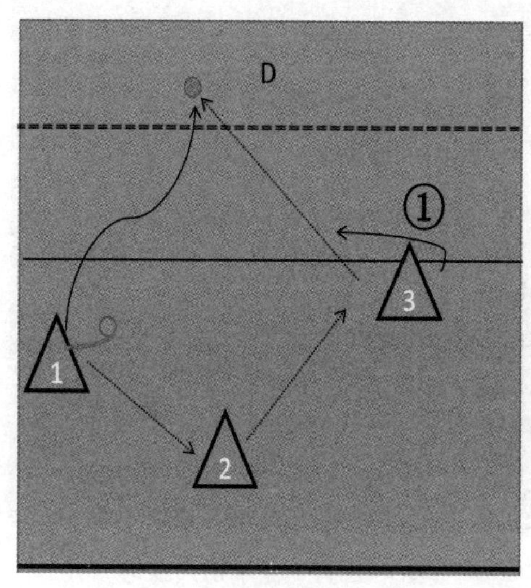

图4-1-10　卫线背插的传切配合

2. 传切配合的要求

（1）运用传切配合时，进攻队员要适当拉开距离，这样可以扩大切入面积和传球的空当，增加防守的难度，使对手失去相互支援的可能。

（2）切入队员在接球前要利用假动作吸引防守队员向相反的方向移动，然后做到突然变向切入接球或传球完成进攻。

（3）队员之间要配合默契，切入动作要有效、快速，传球动作要准确、及时、到位。

3.传切配合的练习方法

（1）徒手切入练习。

两队做交叉跑动，沿边线做跑动动作，队员切入时要看球，要有随时接球的动作，完成后排到另一组的队尾，依次练习，如图4-1-11所示。

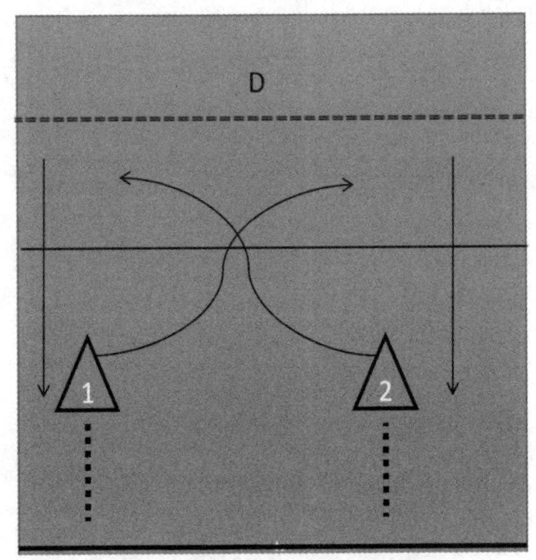

图4-1-11　徒手切入练习

（2）传接跑动练习。

两队做交叉跑动，加入边线跑动动作，队员切入时要看球，要随时接教练Ⓡ的传球并回传给教练，完成后排到另一组的队尾，依次练习，如图4-1-12所示。

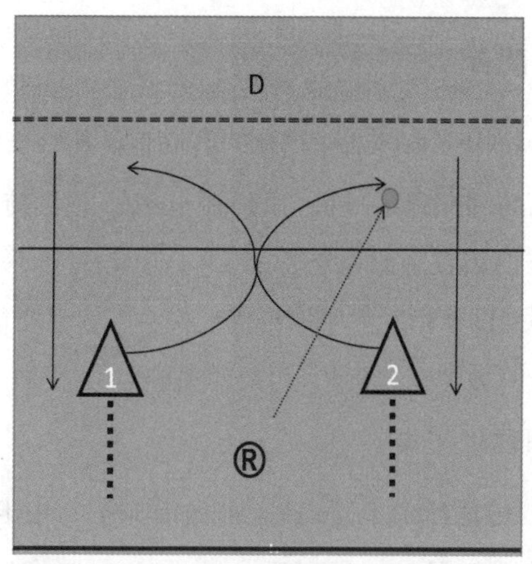

图 4-1-12　传接跑动练习

（3）中卫突破防守传切配合练习。

队员△1持球面对对手①，将球传给教练®，△1做假动作切入接教练®的回传球完成练习，如图 4-1-13 所示。

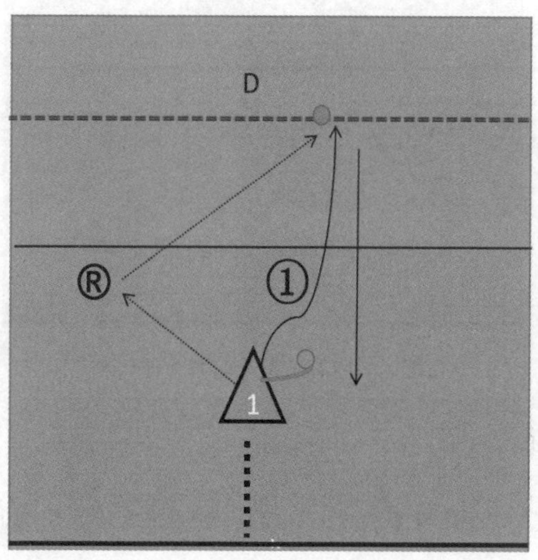

图 4-1-13　中卫突破防守传切配合练习

（三）掩护配合

掩护配合是指用合理的动作挡住紧盯同伴的防守者的移动路线，使同伴摆脱对手的防守获得进攻机会的配合方法。根据掩护的位置不同，有前掩护、侧掩护和后掩护等方法，在沙球运动中如果能合理运用掩护配合，不仅能协助同伴摆脱对手取得进攻机会，自己也能获得进攻机会。

1.掩护配合的方法

（1）单人前掩护配合。

左边锋▲1传球给中卫▲2后上前做前掩护，中卫▲2直接跳起接球完成进攻得分，如图4-1-14所示。

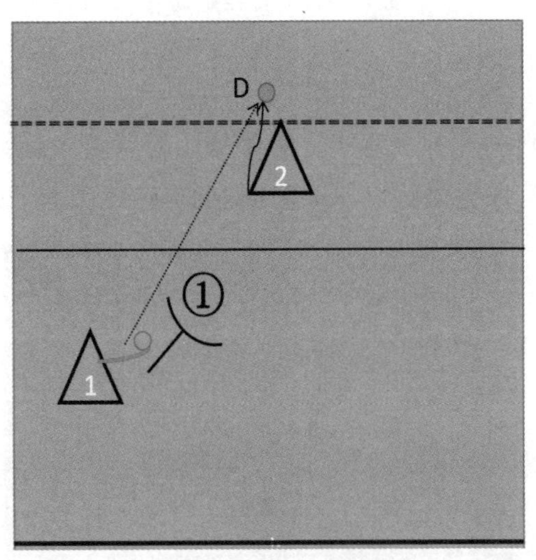

图4-1-14　单人前掩护配合

（2）双人前掩护配合。

左边锋▲1传球给▲3后，▲1和▲2同时上前做前掩护，做假动作分别吸引对手①和对手②的防守，▲3接球后完成进攻得分，如图4-1-15所示。

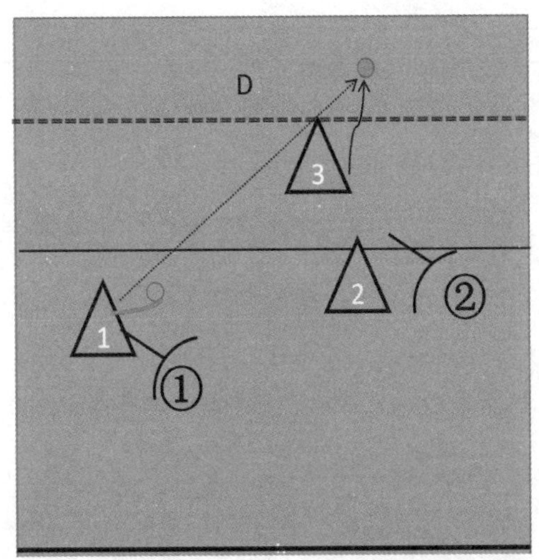

图4-1-15　双人前掩护配合

（3）侧掩护。

①侧掩护1。

边卫1传球给2，2接球后再传给3，球传出后，2上前做一个侧掩护，3完成进攻得分，如图4-1-16所示。

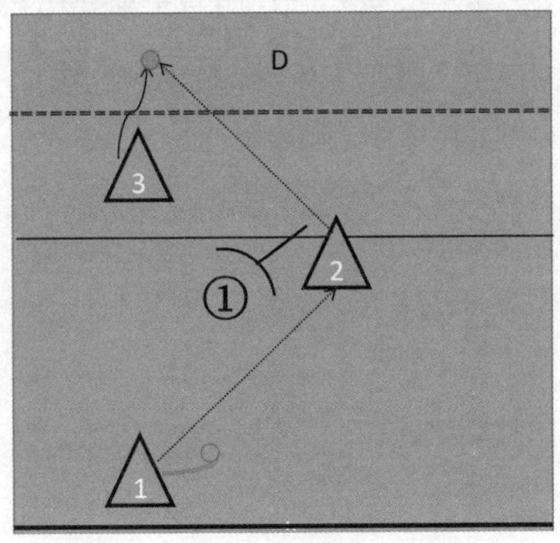

图4-1-16　侧掩护1

②侧掩护2。

中卫▲1传球给▲3后，上前做侧掩护，▲3跑动上前接球完成进攻得分，如图4-1-17所示。

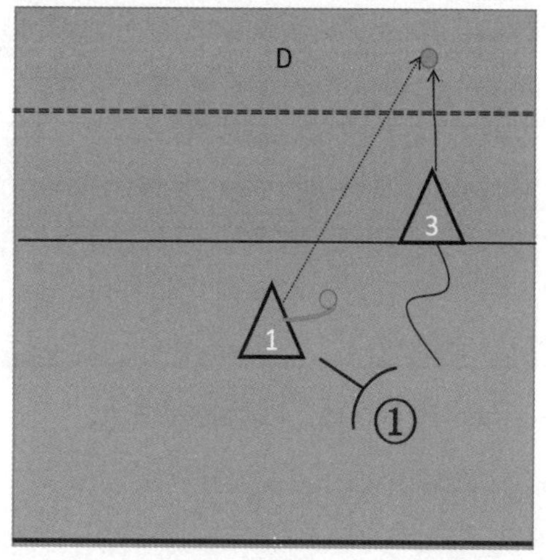

图4-1-17　侧掩护2

（4）后掩护。

边卫▲1传球给▲2，▲2做假动作吸引对手①，▲3立即上前做后掩护，防守对手①，▲2马上传球给跑动中的▲1，▲1接球后完成进攻得分，如图4-1-18所示。

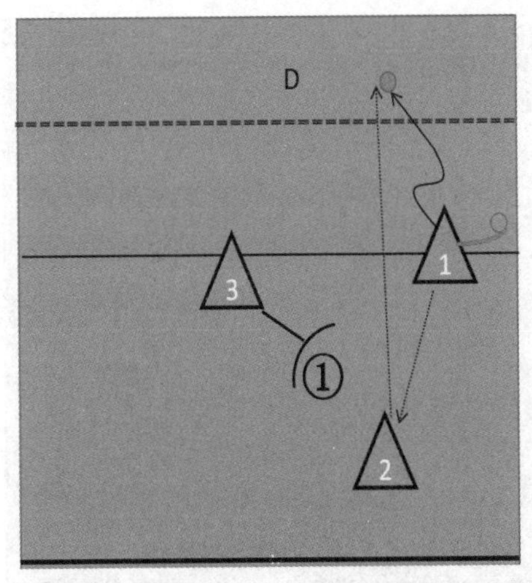

图 4–1–18　后掩护

2. 掩护配合的要求

（1）进行掩护配合时，掩护者的动作要突然、快速、隐蔽，被掩护者要用逼真的进攻动作吸引对手的注意力，并利用掩护及时行动，才能收到良好的掩护效果。

（2）掩护者要提前判断，占据合理的位置，要掌握好掩护配合动作的时间，过早过晚都不易成功。

（3）掩护者要及时转身面对持球的同伴，便于衔接下一个动作，以保持掩护配合的连续性、攻击性。

3. 掩护配合的练习方法

边卫 1 传球给 2 后，上前做掩护，如图 4–1–19 所示。

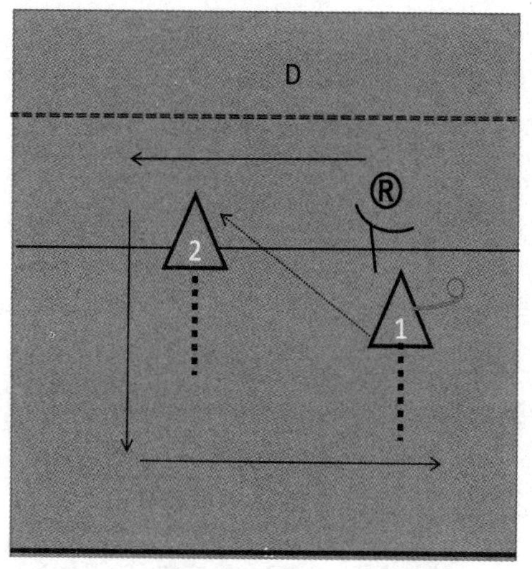

图 4-1-19　掩护配合的练习方法

（四）策应配合

策应配合是以内线队员为枢纽，策应者背对得分区站立，接球后传给徒手切入的同伴，使同伴摆脱防守接球并进行攻击的一种配合方法。在沙球比赛中经常用到策应配合战术。

1. 策应配合的方法

（1）策应配合 1。

中卫2上前接边卫1的传球，边卫1传球后快速摆脱对手①的防守，接2的回传球，接球后完成进攻得分，如图 4-1-20 所示。

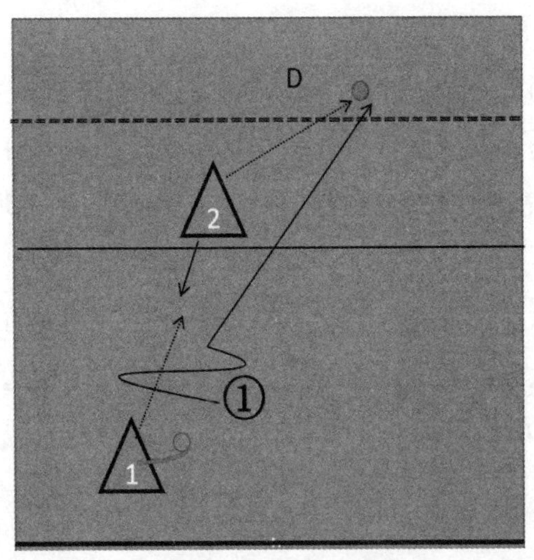

图4-1-20　策应配合1

（2）策应配合2。

中锋2上前接边卫1的传球，边卫1传球后迅速起动接近2，当遇到对手②堵截时，中锋2将球传给边锋3，边锋3接球后完成进攻得分，如图4-1-21所示。

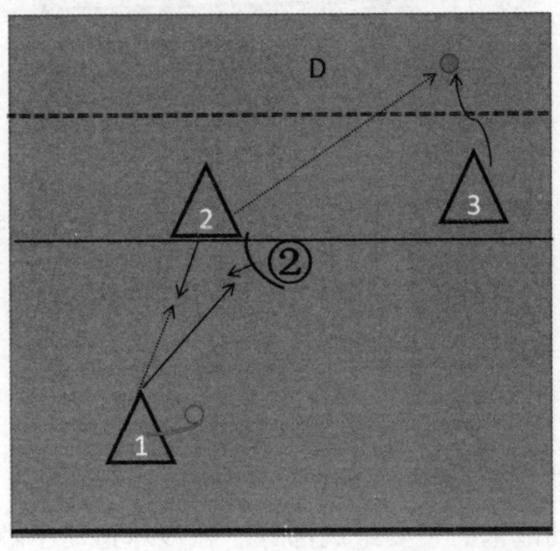

图4-1-21　策应配合2

2. 策应配合的要求

（1）策应时，应背对得分区站立，接球后两脚开立，双膝弯曲，两手持球于身前，要保护好球，根据场上情况及时将球传给同伴。

（2）策应时，插上移动的动作要突然且快速以便摆脱防守顺利接球。

（3）策应队员要注意及时抢占有利位置，应选择在正面两个45度角之间的地带做策应配合，这样便于同伴从策应者两边切入进攻。

3. 策应配合的练习方法

中锋2上前接1的传球，1传球后跑动接2的回传球，如图4-1-22所示。

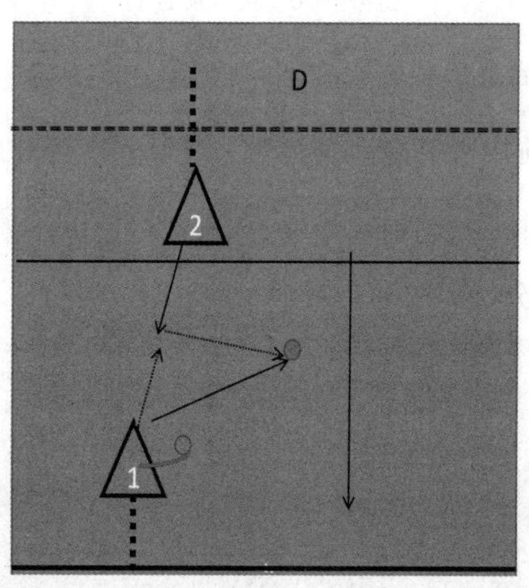

图4-1-22　策应配合的练习方法

（五）快攻

快攻与防守快攻是攻防的一对矛盾体，两者相互对立、相互依存，是沙球运动战术的重要组成部分。在沙球运动中触球时间短、攻防转换快，因此快攻战术非常符合沙球运动的特点，具有强大的攻击力。强有力的快攻不仅威力大，而且成功率高。快攻是由防守转入进攻时，以最快的速度、最短的时间在人数上造成以多打少的优势，或在人数相等或人数少于对方的情况下，趁对方立足未稳，果断而合理地进行攻击的一种速战速决的进攻战术。快攻的形式主要有长传快攻和短传快攻，这里介绍长传快攻的战术形式。

1. 长传快攻的方法

长传快攻是指场上队员获得发球权或在后场获得球权后，立即把球传给摆脱防守的同伴进行偷袭的一种配合进攻战术形式，具有传球距离长、速度快、成功率高的特点。

（1）底线发球快攻。

▲1获得球权于底线发球，传给摆脱防守的▲3，▲3接球后传给▲2，▲2完成进攻得分，如图4-1-23所示。

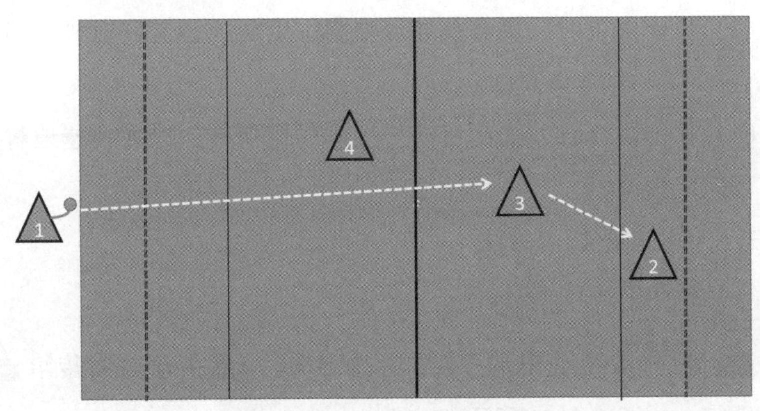

图4-1-23　底线发球快攻

（2）后场抢断球快攻。

▲1抢断对手①的球获得球权后，长传给前场的▲2，▲2接球后传给▲3，▲3完成进攻得分，如图4-1-24所示。

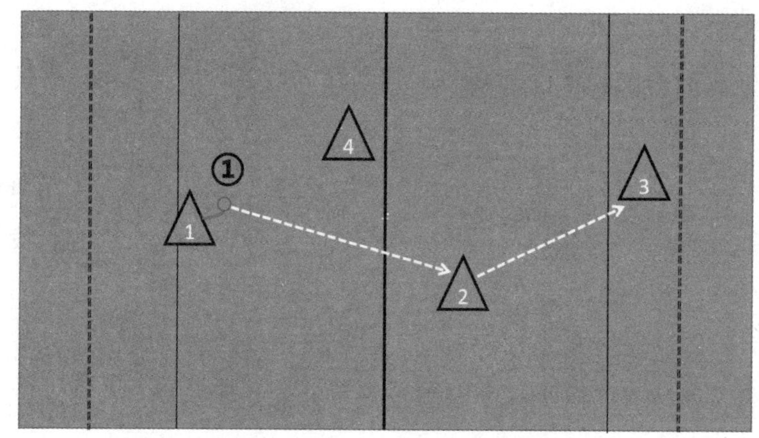

图4-1-24　后场抢断球快攻

2.长传快攻的要求

（1）快攻最重要的就是“快”，快速、准确、稳健的传接球是完成快攻的保障。因此要加强快攻意识训练，培养顽强犀利的比赛风格，提升队员的跑动速度。

（2）长传快攻时，提高接球成功率，以便抢占有利时机，赢得进攻机会。

（3）长传快攻时，提高移动传接球的成功率，以便快速地将球传到前场完成进攻。

3.长传快攻的练习方法

（1）移动中传球练习。

1传球给跑动中的2后向前跑动，2接球后回传给1，循环进行，如图4-1-25所示。

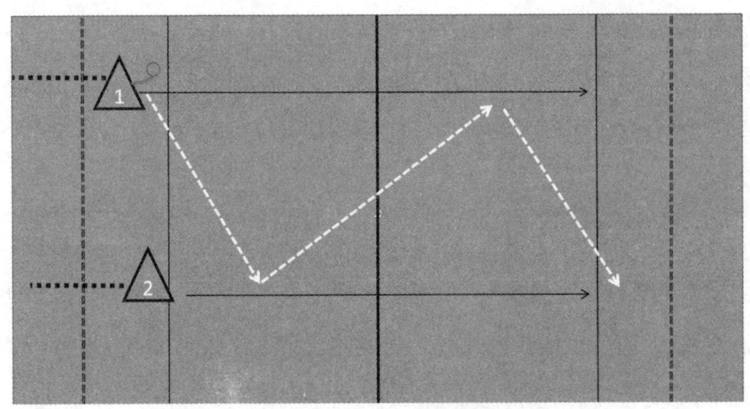

图 4-1-25　移动中传球练习

（2）长距离回传球配合练习。

四组队员分别站在场地的四个位置进行传球练习（1→2→3→4→1），传球后逆时针跑动到下一个位置排队依序进行长距离回传球练习，如图 4-1-26 所示。

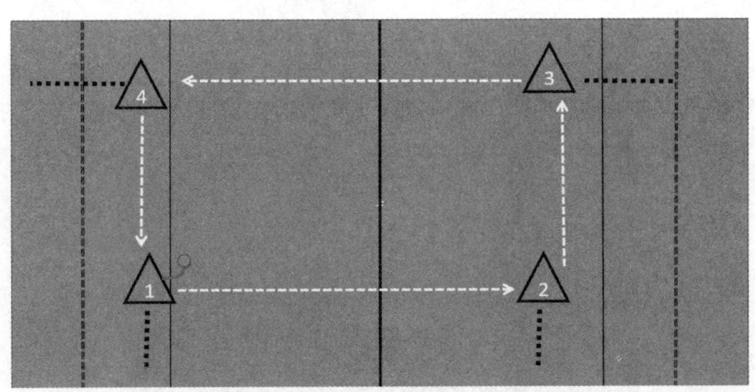

图 4-1-26　长距离同传球配合练习

二、防守基础战术

防守基础战术是比赛中为了阻止对方进攻和重新获得球权所采取的多人集体配合方法。在沙球运动中防守基础战术主要是为了破坏进攻队员的配合，或当同伴的防守出现漏洞时，两三名队员相互协同进行配合。防守基础战术包括穿过配合、交换配合、“关门”配合、补防配合、夹击配合、半场人盯人配合和全场人盯人配合等战术。

（一）穿过配合

穿过配合是指对方采用掩护进攻时，防守者为了破坏对方的掩护配合，在掩护者临近的一刹那，防守被掩护者的队员主动靠近对手，并从两个进攻者中间穿过去，继续防守住对手。当掩护者靠近时，为避免掩护成功，防守者应及时侧身，运用碎步穿过继续防守住对手。

1.穿过配合的方法

（1）中场穿过配合。

中卫▲3给右卫▲2做掩护，让同伴▲2从中场穿过，防守队员②摆脱▲3的防守继续跟防▲2。防守过程中，队员要相互呼应，及时提示同伴，以应对对方的掩护，如图4-2-1所示。

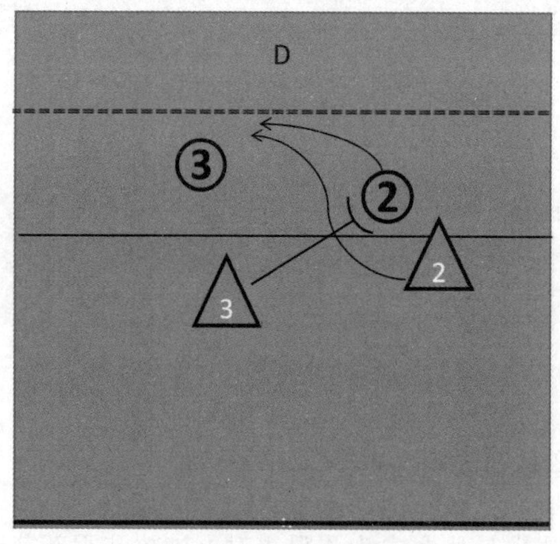

图4-2-1　中场穿过配合

（2）绕过配合。

▲1′传球给▲2后上前给▲2做掩护，防守队员①摆脱▲1′的防守，变被动为主动转而防守▲1′，防止▲1′接球，如图4-2-2所示。

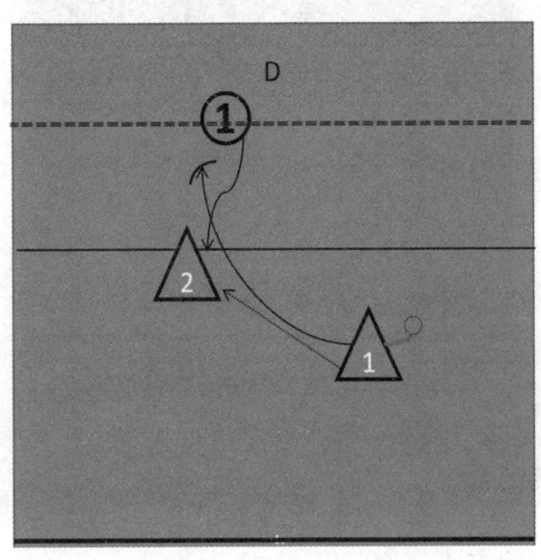

图4-2-2　绕过配合

2.穿过配合的要求

应注意穿过的时机，并熟悉路线，被掩护的同伴要主动让路，本方队员主动协同配合。

3.穿过配合的练习方法

▲1和▲2进行穿过配合，分别防守对手②和对手①，依次进行，如图4-2-3所示。

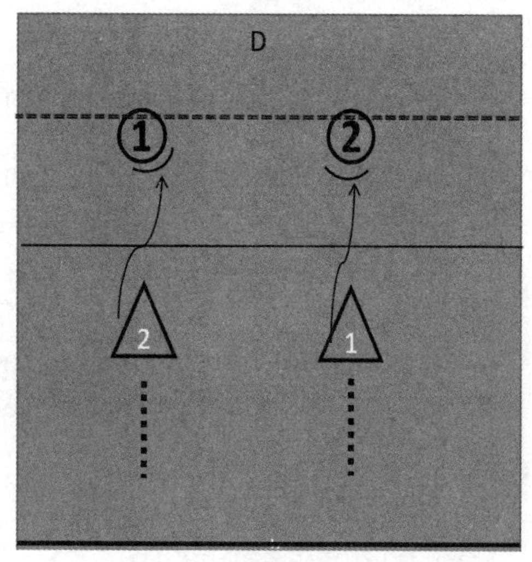

图4-2-3　穿过配合的练习方法

（二）交换配合

1.交换配合的方法

交换配合是指进攻队员利用掩护已经摆脱对方防守时，掩护的队员及时发出换防信号，与同伴互换各自对手。根据沙球运动传球速度快的特点，比赛中防守基本采取区域联防，进攻队员为了突破区域防守，会进行频繁的换位，防守队员则要通过不停地换防，交接清楚防守的人，使区域防守始终有效。因此交换配合防守是防守中重要的、最基本的防守。

（1）基础交换防守。

进攻队员1 和2形成进攻配合，防守队员①和②交换防守人进行防守，如图4-2-4所示。

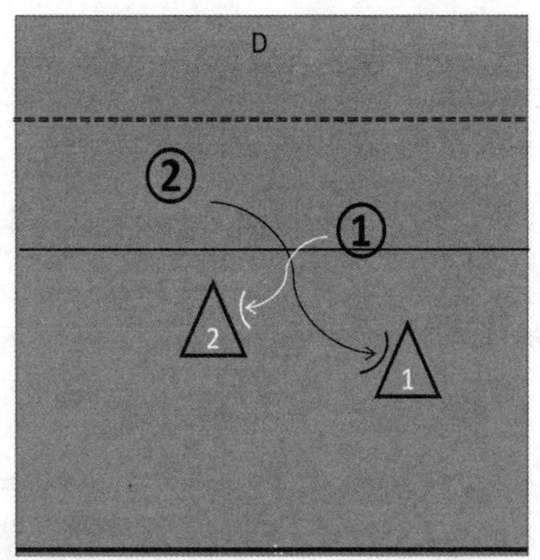

图 4-2-4　基础交换防守

（2）换位防纵切。

防守队员①防守进攻队员▲1，当▲1纵切时防守队员②上前防守▲1，防守队员①及时调整位置防守▲2，完成换防，如图 4-2-5 所示。

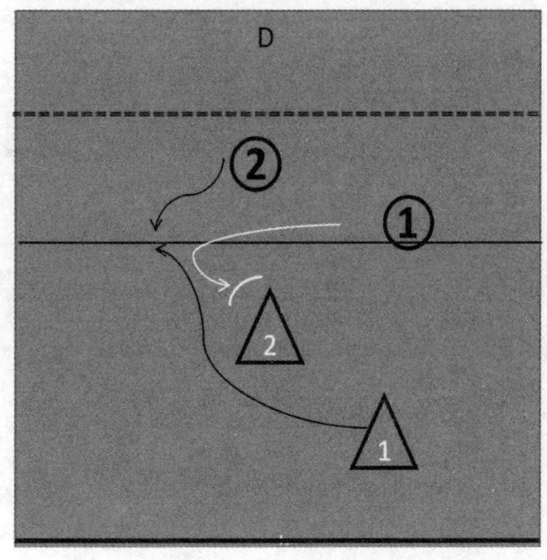

图 4-2-5　换位防纵切

2. 交换配合的要求

（1）交换防守要点是交换的队员之间要默契，交换防守时队员要注意观察，积极主动、果断及时地处理突发情况。

（2）在防守陷入被动时要果断换防，迅速调整防守目标，或者占据防守的有利位置，给对方造成压力。

3. 交换配合的练习方法

（1）交换配合的练习方法1。

▲1 和▲2 在前场进行交叉换位防守练习，如图4-2-6所示。

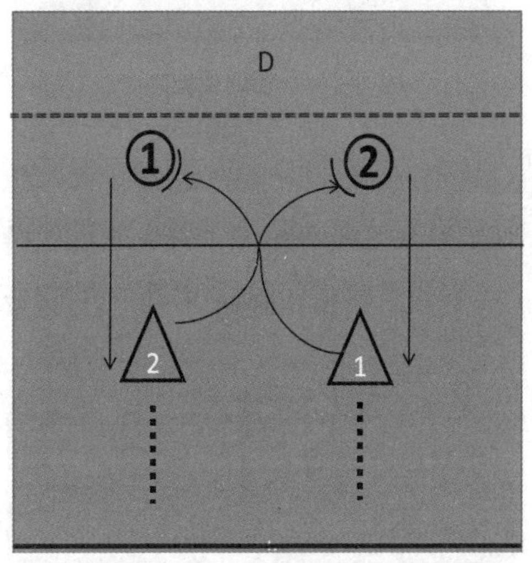

图4-2-6 交换配合的练习方法1

（2）交换配合的练习方法2。

▲1 摆脱防守队员①的防守，防守队员②马上进行换防，防守▲1，防守队员①马上调整防守目标，防守▲2，如图4-2-7所示。

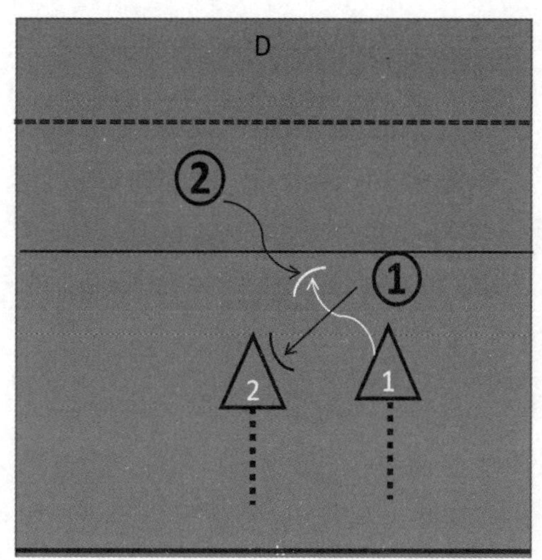

图4-2-7　交换配合的练习方法2

（三）“关门”配合

“关门”配合是指两个防守队员协同防守突破的配合方法。当进攻队员持球突破时，防守突破的队员向侧后方移动挡住其进攻路线，临近突破一侧的防守队员，及时快速向突破队员的前进方向移动，两名防守队员像两扇门一样关起来，堵住对方进攻路线。因沙球运动中有“持球不能移动”的规则，因此“关门”配合主要任务是防守进攻队员有威胁的传球、接球或破坏对方的进攻阵型，打乱对方的进攻计划。

1.“关门”配合的方法

（1）防传球。

▲1 传球给▲2，防守队员②上前防守▲2，防止其进行有威胁的进攻传球，防守队员①迅速贴近防守▲2，与防守队员②形成“关门”配合，如图4-2-8所示。

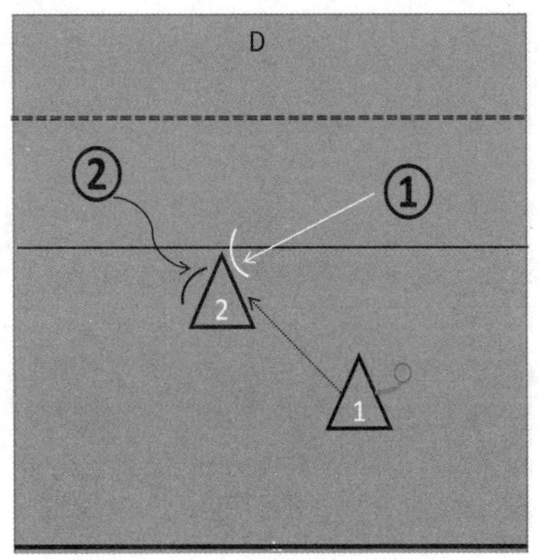

图4-2-8 防传球

（2）防进攻阵型。

▲1、▲2、▲3来回传球组成三角进攻阵型，防守队员①和防守队员②重点防守▲2，形成“关门”配合，切断进攻阵型，如图4-2-9所示。

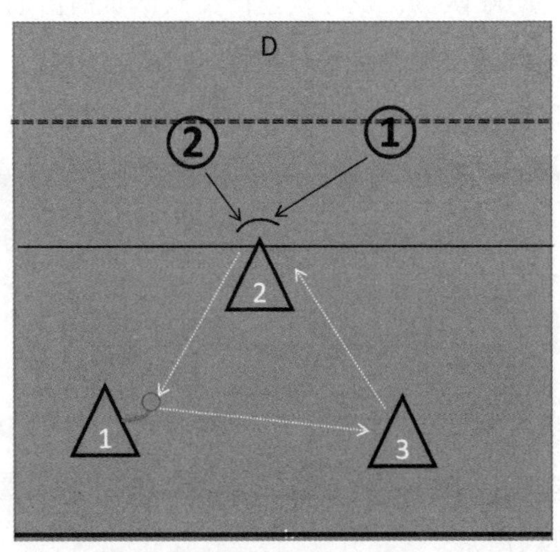

图4-2-9 防进攻阵型

2.“关门”配合的要求

（1）当进攻队员在前场接球时，临近的防守队员就要及时靠近，形成“关门”配合。

（2）形成“关门”配合的两名防守队员要靠近，避免进攻队员从两名防守队员的中间闯过。

（3）在“关门”配合结束后，防守队员应尽快退回到自己的防守区域。

3.“关门”配合的练习方法

防守队员①和防守队员②对▲2形成“关门”配合，如图4-2-10所示。

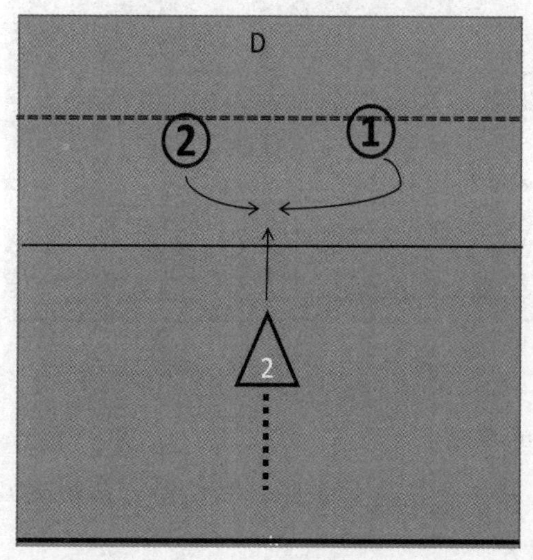

图4-2-10　“关门”配合的练习方法

（四）补防配合

补防配合是指两个防守队员之间的一种协同配合方法。当同伴被突破时，临近的防守队员立即放弃自己的防守对象，去补防那个威胁最大的进攻者，漏人的防守队员则要及时换防。沙球运动多为无球跑动，队员防守的压力非常大，比赛中单靠一个人的能力很难做到有效防守，因此补防配合是一种非常积极有效的防守策略。

1.补防配合的方法

▲1传球给▲2，▲3突破防守队员②的防守接▲2的传球，防守队员①马上补防▲3，如图4-2-11所示。

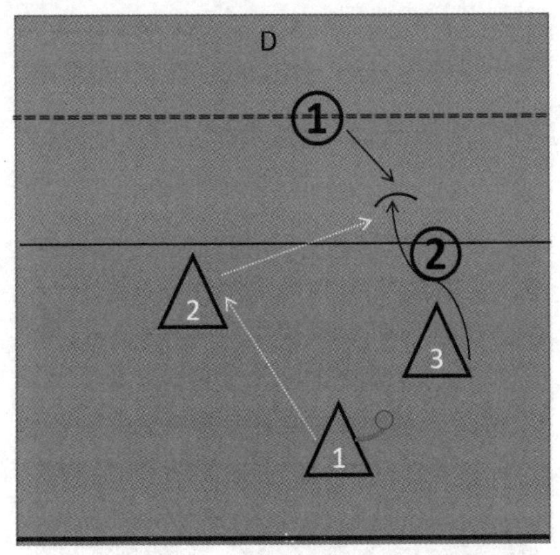

图4-2-11　补防配合的方法

2.补防配合的要求

（1）补防时动作要快速、果断，其他防守队员要及时换防去补防威胁最大的进攻者。

（2）补防队员在封堵对方队员前进路线的基础上，要尽量干扰其接球。

3.补防配合的练习方法

▲1传球给▲2后，突破防守队员②的防守，准备接▲2的回传球，防守队员①立刻上前补位防守▲1，如图4-2-12所示。

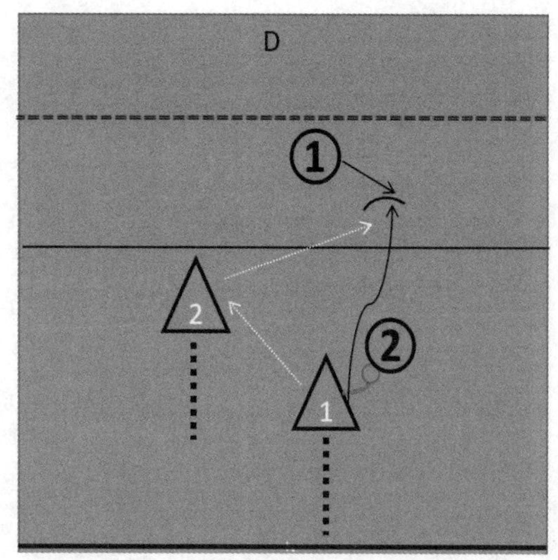

图4-2-12　补防配合的练习方法

（五）夹击配合

夹击配合是指两个或多个防守队员积极防守一个进攻队员的配合方法，它是一种积极主动、具有强烈攻击性的配合防守战术。防守在沙球比赛中的重要程度不亚于进攻，亦可以说是沙球比赛的灵魂，想要在比赛中制胜，一定不能忽略防守。在沙球运动中大多数是无球跑动，防守的压力非常大。因此作为具有攻击性的防守，夹击配合是一种非常重要的防守类型，有必要进行重点学习。

1.夹击配合的方法

▲1传球给▲2，▲2接球后再传给▲3，▲2试图突破防守队员②的防守，防守队员①和防守队员③上前夹击防守，拦截▲2的突破路线，如图4-2-13所示。

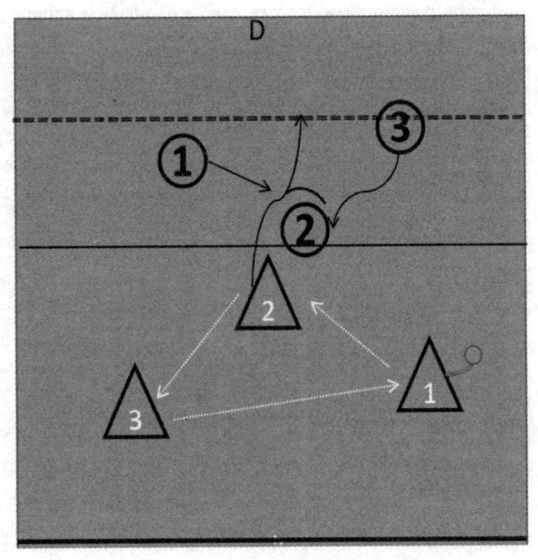

图4-2-13　夹击配合的方法

2. 夹击配合的要求

（1）夹击配合要果断，并积极挥动手臂，封阻对手传球路线，不要盲目抢、打球，尽量避免犯规。

（2）夹击配合要观察、判断、选择夹击的时机和位置，发现时机成熟时应及时快速到位。在夹击时应用身体挡住对手，临近的队员应及时补位。

3. 夹击配合的练习方法

1 传球给 2，防守队员①和防守队员②上前夹击防守 2，2 将球回传给 1，如图4-2-14所示。

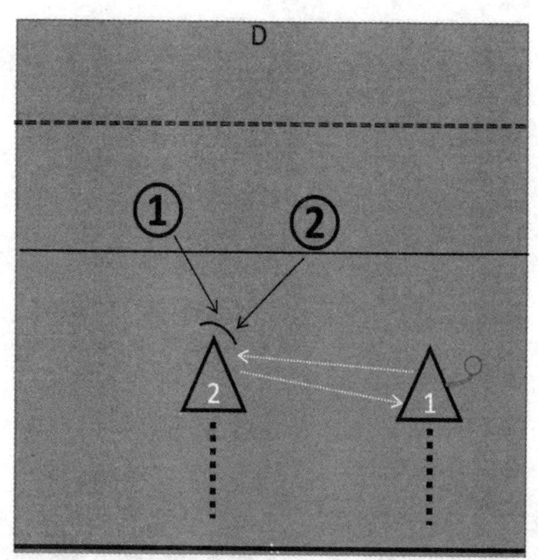

图4-2-14　夹击配合的练习方法

（六）半场人盯人配合

半场人盯人配合防守战术是沙球运动中常用的一种防守战术。在沙球比赛中由进攻转入防守时，全队有组织地迅速退回后场，在半场范围内进行人盯人配合防守战术。

1. 半场人盯人配合的方法

防守队员①、②、③、④分别盯防 1 、 2 、 3 、 4 ，进行半场防守，如图4-2-15所示。

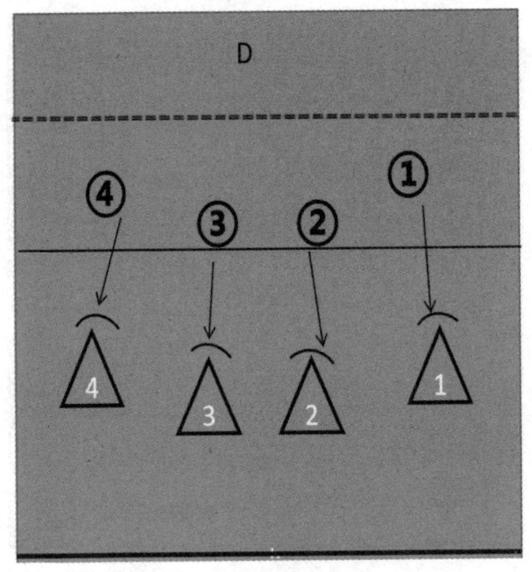

图 4–2–15　半场人盯人配合的方法

2. 半场人盯人配合的要求

防守队员两脚斜前或平行站立，一手臂伸向对方的持球部位，另一手臂侧举干扰对方传球或接球，堵截对方运球突破路线。防守无球队员应该选择适当角度的位置，做到人球兼顾，离球越近防守距离越近，离球越远防守距离越远。

（七）全场人盯人配合

全场人盯人配合防守战术是在攻转守时每个队员立即看守住邻近的对手，并在全场范围内紧紧盯住对手，以个人积极防守和全队协同配合，破坏对方进攻，达到转守为攻的目的，是一种攻击性很强的防守战术。这种战术非常符合沙球运动激烈对抗的特色，能充分发挥队员的特长并有效制约对方行动，打乱对方部署，造成对方紧张和技术失误，从而取得比赛的主动权。

1.全场人盯人配合的方法

防守队员①、②、③、④分别盯防1、2、3、4，进行全场人盯人防守，如图4-2-16所示。

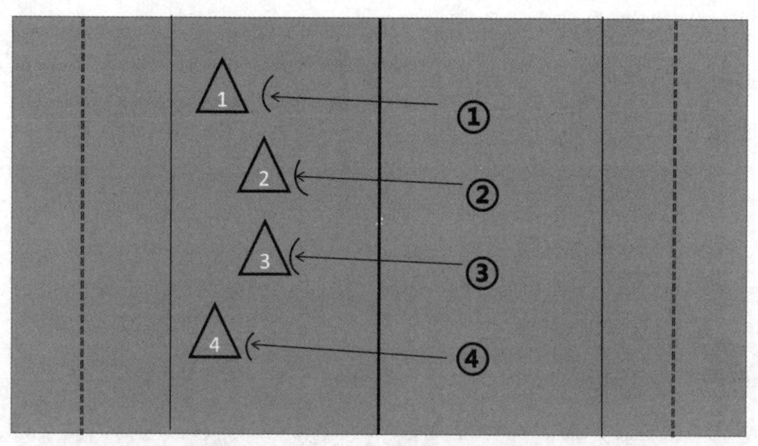

图4-2-16　全场人盯人配合的方法

2.全场人盯人配合的要求

攻转守时找人要快，要积极封堵对方的传接球路线，特别是要紧逼对方的第一接应人。要充分利用球场，加强防守的攻击性，当球发进场之后，要把控球队员向边线挤，堵住中线的策应，要防止对方直接得分。通过全场人盯人造成对方恐慌和急躁以及传球失误而实现抢断球打反击快攻。全场人盯人配合防守战术要与其他的防守战术交替使用，以达到最佳的效果。在运用全场人盯人防守战术时所有队员要注意控制犯规，一旦犯规此战术立即失效。

（八）防守快攻

1.防守快攻的方法

快攻是比赛中常用利器，威力大、成功率高，所以面对快攻，防守快攻就显得非常重要。在沙球比赛中，进攻转为防守时，首先要阻止对手发动快攻，不让发球队员或抢断球队员顺利地将球传出，为本队赢得防守时间。同时，处于不同防守区域的队员占据有利位置，积极阻扰其进攻配合。

（1）发球区域一对一防守。

当对方发球时，全队采取发球区域一对一防守，最大限度地给对方造成接球障碍，如图4-2-17所示。

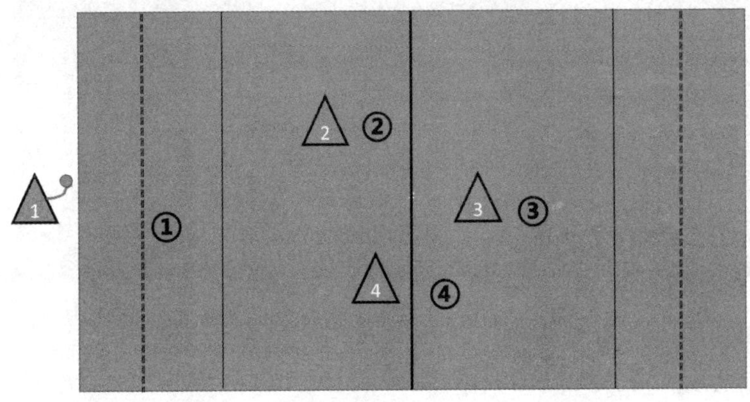

图4-2-17　发球区域一对一防守

（2）堵截后场一传。

▲1传球给▲3，▲3接到球后，防守队员①和防守队员③向前加强防守，干扰▲3的传球，达到破坏快攻的目的，如图4-2-18所示。

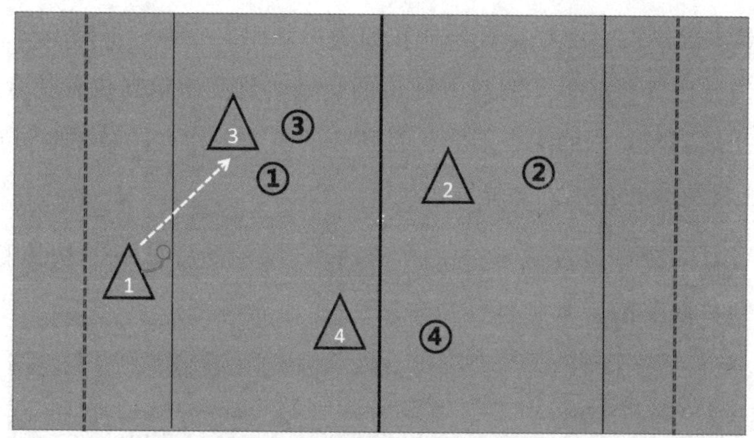

图 4-2-18　堵截后场一传

（3）中场抢断。

△1传球给△3，△3接到球后立刻传给△2，防守队员②上前抢断，如图 4-2-19 所示。

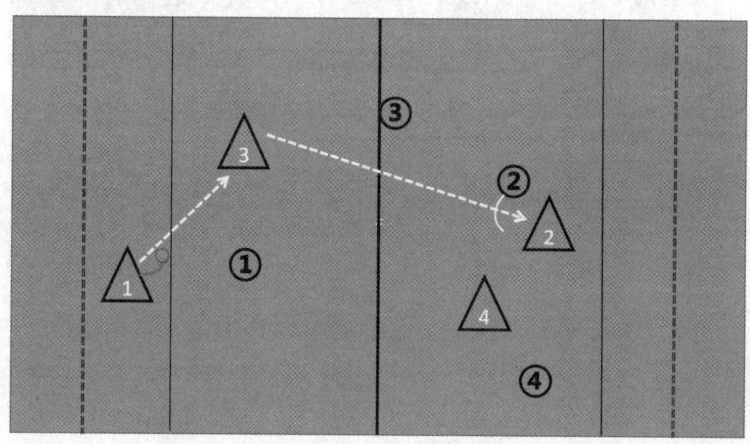

图 4-2-19　中场抢断

2. 防守快攻的要求

（1）提高进攻的成功率，尽量不要犯规、违例，减少对方的发球机会。

（2）全队配合有序，在防快攻时要做到胆大心细、积极果断。

（3）比赛前尽量了解对方球员的特点，比赛中根据位置结合个人特点初步判断对方的配合形式，在防守的时候做到有针对性地防守。

3.防守快攻的练习方法

一对一防守快攻练习。▲1传球给▲3，防守队员③快速移动，做横切拦截动作，如图4-2-20所示。

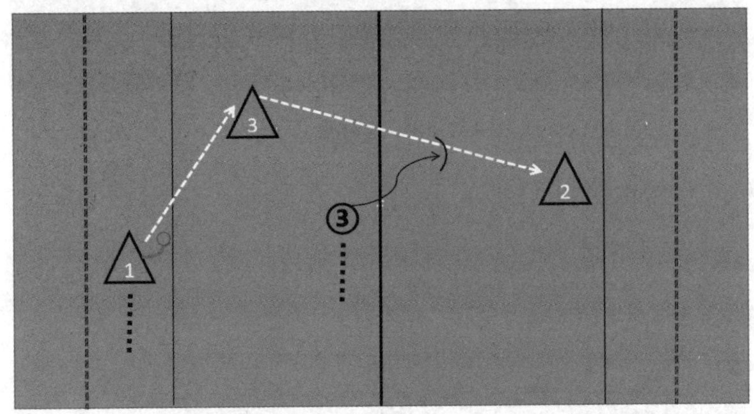

图4-2-20　一对一防守快攻练习

第五章　沙球运动练习方法

沙球运动融合跑、跳、投、扑、滑、滚、抢、堵、截等运动元素，符合孩子们爱嬉闹、玩耍的天性。参与这项运动能让孩子们天性得到释放，找回童年玩耍的“味道”。因此结合沙球运动特征开发出适合孩子们的练习方法就显得非常有意义。沙球运动的练习方法主要有抓握练习、抛接练习、传接练习、投接球练习、游戏和比赛等。

一、抓握练习

抓握能力是操作能力的一种，作为人的基本运动能力，是学习任何一种特殊技能的前提条件。操作能力的高低，往往决定孩子将来学习某种技能的快慢、准确性、牢固程度以及能够到达的水平。由于沙球大小、形状、质量适合设计一定难度的抓握游戏，通过一定难度的抓握练习有利于提升孩子抓握的准确性和灵活性。

1. 右手放右手抓练习

练习学段：水平一、水平二。

练习目的：发展瞬时反应力，锻炼手指抓握能力。

练习动作：右手五指张开，掌心朝下握住球，手臂伸直置于体前静止，放开手，让球自由下落，然后右手迅速去抓球。

练习方法：一人一球进行放-抓球练习，熟练后可以提升难度在更低位置抓球。

练习延伸：左手放左手抓；左（右）手放右（左）手抓。

练习器材：沙球1个。

2. 连续抓握练习

练习学段：水平二、水平三。

练习目的：提升抓握的持久力。

练习动作：左右手各握一个球，掌心朝下两手臂伸直，同时进行放-抓球练习。

练习方法：两手同时放-抓球，进行连续不间断的抓握练习，可以在规定时间内记录抓握的次数。

练习延伸：抓球比多；一分钟连续抓球练习。

练习器材：沙球2个。

3. 正抛反抓练习

练习学段：水平二、水平三。

练习目的：提升反手抓球能力。

练习动作：单手握球，掌心朝上，手臂微屈置于体前，向上抛球后通过手腕的转动调整手掌方向（掌心朝前），五指张开抓握住球。

练习方法：手掌向上抛球，开始抛低一点，熟练后逐渐增加抛球高度。

练习延伸：双手抛两球后左右手交换抓球；反抛反抓。

练习器材：沙球1个或2个。

4. 你“放”我“抓”练习

练习学段：水平二、水平三。

练习目的：提高双人的配合能力。

练习动作：两人面对面站立，一个人掌心朝下握住球，手臂伸直置于体前静止，放开手，让球自由下落，另一人迅速去抓下落的球。

练习方法：两人相距两臂距离，在开始练习的时候放球的同学喊“放”，抓球的同学听到声音后马上抓球，熟练后就不用提醒，两人交替练习。

练习延伸：三人你“放”我“抓”。

练习器材：沙球1~3个。

5.胯下交替抓握练习

练习学段：水平一、水平二、水平三。

练习目的：提高手脚配合能力。

练习动作：原地单脚站立另一脚高抬，一手握球穿过胯下，另一手抓球，两脚交替单脚站立，两手交替穿过胯下进行抓握练习。

练习方法：原地站立两脚交替抬高，两手胯下交替抓握。低学段的孩子可以放慢速度，高学段的孩子可以进行速度较快的交替练习。

练习延伸：30秒内快速交替抓握练习；仰卧快速交替抓握练习；胯下“8”字绕环抓握练习；原地跑动胯下交替抓握练习。

练习器材：沙球1个。

6.跳起胯下交替抓握练习

练习学段：水平二、水平三。

练习目的：提高跳跃能力。

练习动作：原地跳起两脚前后分开，一手握球置于胯下另一手置于体侧顺势抓球，落地前完成交替抓握。

练习方法：可以先进行原地胯下交替抓握球练习，再进行徒手的原地跳起前后分腿练习，熟练后再进行跳起胯下交替抓握练习。

练习延伸：连续起跳胯下交替抓握球练习；连续起跳胯下左右交替抓握球练习。

练习器材：沙球1个。

7.跳起膝后抓握练习

练习学段：水平三、水平四。

练习目的：提高跳跃能力、快速抓握能力，体验有难度的抓握。

练习动作：双脚平行站立与肩同宽，身体微下蹲，膝稍弯曲。一手握球，下蹲跳起后在膝后完成交替抓握练习。

练习方法：双脚原地站立，进行膝后交替抓握球练习；熟练后尝试在一定高度的位置跳下做膝后交替抓握练习；最后进行原地双脚同时起跳做膝后交替抓握练习。

练习延伸：连续起跳膝后抓握练习。

练习器材：沙球1个。

8.夹球跳起接球练习

练习学段：水平一、水平二、水平三。

练习目的：提高跳跃能力、快速抓握能力、全身协调能力。

练习动作：双手拿住球，并将球置于两脚脚弓部位，夹住球。

练习方法：双脚夹球跳起的同时向上抛球，在空中双手或单手接住球。

练习延伸：1分钟夹球跳练习。

练习器材：沙球1个。

二、抛接练习

抛接由抛和接两个动作组成，属于人体基本活动中的操作性动作范畴。抛的显性动作表现为抛高、抛远，抛准；接的显性动作表现为单手接、双手接；抛接的显性动作表现为自抛高接住、对抛远接住，再辅以跳跃、跑动、平衡、滚动构成多种形式的抛接活动。

抛接可以有效发展学生的协调性、快速反应能力、灵敏度等，多样化的抛接内容还可以提高学生视动协调能力，提升学生的空间意识。良好的抛接能力可以为学习更复杂的运动技能奠定基础。

1. 原地双手向上抛接球练习①

练习学段：水平一。

练习目的：抛高接住，建立空间意识。

练习动作：两脚分开与肩同宽，脚尖朝前，两腿微屈下蹲，两臂伸直，双手握球置于体前。双脚蹬地发力，双手向上抛球。接球时手臂伸直，双手张开，主动迎球。

练习方法：开始只抛不接，尽量把球抛高，熟练后逐步过渡到接住球。可以设置一定高度线，引导学生抛高，在抛高的基础上接球，才是有效的抛接练习。

练习延伸：双手抛+双手接；双手抛+单手接；单手抛+双手接；单手抛+单手接；上抛+击掌+接球练习；上抛+拍膝+接球练习；上抛+触地+接球练习。

练习器材：沙球1个。

2. 原地双手向上抛接球练习②

练习学段：水平一。

练习目的：抛直接住，建立位置意识。

练习动作：两脚分开与肩同宽，脚尖朝前，两腿微屈下蹲，两臂伸直，双手握球置于体前。双脚蹬地发力，双手向上抛球，抛球时手臂尽量伸直，抛球时双手高度不要过肩。接球时手臂伸直，双手张开，主动迎球。

练习方法：站在直径为2米的大圈内向上抛球，抛球高度在3米以上，尽量接住落在圈内的球，抛出圈外的球不要接。

练习延伸：原地双手向上抛球进“手圈”。

练习器材：沙球1个。

3.自抛接跑动练习

练习学段：水平一、水平二。

练习目的：提高移动抛接球能力。

练习动作：单手或双手向前上方抛球，球抛出后跑动接住下落的球。

练习方法：单手或双手向前上方抛球高过头顶，并且将球抛在身前2米左右的范围内，向前跑动接住球。也可以设置一定高度线，抛过线接住球，线的高度可设置为2~3米。还可以根据水平段的能力差异，设置不同的跑动距离。

练习延伸：1分钟来回跑动抛接球练习。

练习器材：沙球1个。

4.单手肩上投掷练习

练习学段：水平一、水平二、水平三。

练习目的：发展掷远能力。

练习动作：手持球于肩上后引，重心在持球手同侧腿上，蹬伸、转体、挥臂，利用手臂、手腕的“鞭打”动作将球以合适的时机和出手角度投出。

练习方法：通过课件、挂图、教师示范等方法，学习蹬伸、转体、挥臂抛（掷）的正确动作，逐步过渡到掷远练习。

练习延伸：抛远；抛准；对墙掷球。

练习器材：沙球1个。

5.双手头上抛（掷）练习

练习学段：水平一、水平二。

练习目的：增强腰部力量。

练习动作：两脚前后开立，两臂屈肘，两手持球于头后，上体稍后仰，然后两脚用力蹬伸，收腹、甩臂，两臂用力将球向前上方抛出。

练习方法：设置一定距离的横线，进行抛远练习；设置一定高度的横线，将球抛（掷）过横线。

练习延伸：对墙抛（掷）练习；抛球比远。

练习器材：沙球1个。

6.双手抛三球练习

练习学段：水平三。

练习目的：提高手眼协调能力。

练习动作：右手拿两球，左手拿一球，右手先向上抛出一个球（抛球的方向偏左边）。当球下落的时候，左手向上抛球（抛球的方向偏右边），并接住右手抛出下落的球。左右手依次轮流进行抛接，在抛接练习中始终有一个球在空中。在练习过程中抛球的质量比较重要，抛球的手要稳定，力量均匀，抛出的球位置始终在身体的附近。

练习方法：先用一个球练习左右手抛接球，熟悉后用两个球进行左右手交换抛球练习，最后进行抛三个球的练习。

练习延伸：行进间抛三球练习；抛球比多。

练习器材：沙球3个。

三、传接练习

抛接练习和传接练习的区别在哪里？“抛”的本义是投、扔，是发生在个人身上的行为，在沙球技术动作中抛接表现为单人的自抛接动作。“传”的本义为传递、传送，具体表述为由一方交给另一方、由上代交给下代。因此“传”是发生在两人或多人之间的行为。在沙球技术动作中，传接表现为两人传接或多人传接。从技术规范性来看，抛接练习随意性较强，属于身体基本活动能力范畴；而传接练习更多地体现在技术动作范畴。因此传比抛更具有技术性，主要表现为传更有准确性、衔接性、多变性、攻击性。

传接练习是建立在传接技术基础上的练习形式，是沙球运动的主要练习形式。它是进攻队员在场上相互联系和组织进攻战术的纽带，也是实现战术配合的具体手段。传、接球质量的好坏，直接影响战术执行质量的好坏以及实施进攻的成功率的高低，甚至左右比赛的胜负。沙球运动中有“持球不能超过3秒”的规则，因此要求运动员在比赛中运用传接球技术时做到及时、多变、准确、巧妙、隐蔽地利用球的转移，打乱对方的防守部署，创造良好的进攻机会，提高进攻效率。

1.单手传双手接练习

练习学段：水平二。

练习目的：提高传接球能力。

练习动作：两脚前后开立，侧身面对传球方向，手持球屈肘于肩上，肘关节向前，眼看前方，快速挥臂将球传出。接球时双臂尽量伸直，双手张开，主动迎球。

练习方法：两组队员相距5米，利用单手传双手接的动作进行传接球练习，动作熟练后距离逐渐加长到8米左右。但是两组间的距离不要太长，太长会影响接球质量。

练习延伸：三人传接球练习；30秒快速传接球练习；换位传接球练习。

练习器材：沙球3~5个。

2.单手传单手接练习

练习学段：水平二、水平三。

练习目的：提高单手传接球能力。

练习动作：两脚前后开立，侧身面对传球方向，手持球屈肘于肩上，肘关节向前，眼看前方，快速挥臂将球传出。接球时单手伸直，五指张开，主动迎球。

练习方法：两组队员相距3米左右，利用单手传单手接的动作进行传接球练习。动作熟练后增加距离，根据学生能力的不同，设置相应的距离。

练习延伸：多人换位传接球练习。

练习器材：沙球1个。

3.跳起传接球练习

练习学段：水平二、水平三。

练习目的：提高跳起传接球能力。

练习动作：双脚跳起，利用肩上传球动作将球传出，接球的队员双脚或单脚起跳接住球。

练习方法：两组队员面对面进行跳起传接球练习。

练习延伸：三人一组跳起传接球练习；跳起背后传接球练习。

练习器材：沙球3个。

4.移动传接球练习

练习学段：水平二、水平三。

练习目的：提高移动中传接球的配合能力。

练习动作：两组队员面对面，侧对进行方向，运用侧向滑步的动作向前移动，练习中遵循沙球的规则。

练习方法：两组队员，一组队员固定不动，另一组队员进行左右移动传接球练习。熟练后两组队员进行向前移动推进的传接球练习。

练习延伸：三名队员进行三角推进移动传接球练习。

练习器材：沙球3个。

四、投接球练习

投接球是沙球运动体系的焦点和核心，也是沙球比赛中重要的得分手段。开发各种投接球练习方法有利于熟练运用投接球技术，提高得分能力。投接球技能的提高不仅可以帮助球队获得胜利，还能增强运动者的愉悦感、满足感和自信心。

1.原地投接练习

练习学段：水平一、水平二。

练习目的：提高投接球能力。

练习动作：运用肩上投球动作进行投接球练习。

练习方法：两组队员站在得分区外，左右间隔3米，一组队员负责传球，另一组队员进行投接球练习。

练习延伸：1分钟投接球练习。

练习器材：沙球1个。

2.原地向前跳起投接球练习

练习学段：水平二、水平三。

练习目的：提高跳起投接球能力。

练习动作：运用肩上投球动作进行投接球练习。

练习方法：队员每人持一球，原地向前跳起投接球练习。先正面练习，再左、右两个角位置进行练习。

练习延伸：1分钟投球练习；投接球比多。

练习器材：沙球若干个。

3.原地上抛接球-投球练习

练习学段：水平二、水平三。

练习目的：提高接球和投球的衔接能力，提高身体的控制能力。

练习动作：运用肩上投球动作进行投球练习。

练习方法：队员每人持一球，原地向上抛球，接球后再将球投出。

练习延伸：原地上抛接球，对墙投球。

练习器材：沙球若干个。

4.上抛球跳起接球-对墙投球接反弹球练习

练习学段：水平三。

练习目的：提高综合运动能力。

练习动作：运用肩上投球动作进行投球练习。

练习方法：队员每人持一球，原地向前上方抛球，要求抛球有一定高度。身体向前跑动，顺势跳起接球，接球后在空中完成对墙投球动作，身体落地后移动接反弹回来的球。

练习延伸：上抛接球-投球比远。

练习器材：沙球若干个。

5.移动传接球-投接球练习

练习学段：水平一、水平二、水平三。

练习目的：提高移动传接-投接球能力，为过渡到实战做准备。

练习动作：运用单手低手传接球动作和行进间低手投接球动作进行练习。

练习方法：两名队员从底线出发，面对面进行传接球跑动，推进到前场得分区附近完成投接球动作。

练习延伸：移动传接球-投接球比准；三角移动传接球-投接球练习；二过一配合练习；三打二比赛演练。

练习器材：沙球若干个。

6.投沙球练习

练习学段：水平一、水平二、水平三。

练习目的：提高投准能力。

练习动作：单手持球于投掷架前，瞄准投掷圈，听到信号开始投掷。

练习方法：站在投掷架前3米的位置，向投掷架的圆圈进行投掷，投中得1分，没有投中得0分。不管有没有投中，投出球后都要跑向前捡球回到投掷位继续投球。

练习延伸：1分钟投球比赛。

练习器材：沙球若干个。

五、游戏和比赛

游戏是一种娱乐活动，是人们为了娱乐、休闲或学习而参与的活动，通常伴随着一定的规则和目标，游戏可以是单人或多人参与的，可以是简单的，也可以是复杂的。比赛通常是由两个或多个参赛者组成的团队或个人之间的竞争，目的是争夺胜利。比赛通常有一定的规则和标准，参赛者需要遵守这些规则，并通过一定的技能和实力来争夺胜利。以沙球运动为载体创设各种游戏或比赛有助于让学生真正爱上这一运动。

1.传球接龙游戏

游戏学段：水平一、水平二、水平三。

游戏人数：3人。

游戏目的：提高传接球配合能力。

游戏方法：3名队员站在A点后面，1号队员持球，2号队员向前跑至标志位B点（距离出发线5米左右），回头接1号队员的传球，1号队员传完球后马上跑至B点，2号队员接球后马上回传给3号队员，2号队员传球后跑回A点，3号队员接球后传给跑向B点的1号队员。然后依次循环练习。

游戏要求：跑位及时，传球要准，接球要稳。

游戏延伸：可以增加游戏人数或在规定时间内完成一定次数的传接球。

游戏器材：沙球1个。

2. 导弹拦截游戏

游戏学段：水平二、水平三。

游戏人数：3~5人。

游戏目的：提高有干扰情况下的传接球能力。

游戏方法：游戏队员围成一个圈，中间站一两个人（负责拦截），圈外的队员互相进行传接球，不能让圈内队员触碰或抢到球。如果传球队员在传球的过程中被圈内队员触碰或抢到球，两人角色互换。

游戏要求：圈内的队员要做出主动积极的拦截动作。

游戏延伸：可以增加传球的个数或传接球人数。

游戏器材：1~2个沙球。

3. 猎人打兔子

游戏学段：水平一、水平二、水平三。

游戏人数：5~8人。

游戏目的：提高学生投准、跑动和躲闪能力。

游戏方法：在地上画一个直径为10米的大圈，先请一位学生扮演"猎人"，"猎人"手持沙球站在圈外，其余学生扮演兔子，扮演兔子的学生在圆圈中随意跑动。游戏开始，"猎人"在圈外跑动，抓住时机用沙球攻击圈内的"兔子"，"兔子"跑动躲闪，直到"兔子"全部被击中，游戏结束。

游戏要求："猎人"在打"兔子"的过程中不能进入圈内，圈内被击中的"兔子"要自觉出圈。

游戏延伸：可以多设置一个"猎人"；或者被击中的"兔子"加入"猎人"的队伍。

游戏器材：沙球1~2个。

4. 天女散花

游戏学段：水平三。

游戏人数：4人。

游戏目的：提高换位抛接球能力。

游戏方法：在地上画一个边长为3米的正方形，4名学生站在正方形的4个角上。游戏开始，发出信号，4人同时向上抛球，抛球后按照逆时针跑动换位，接住下落的球。

游戏要求：每个位置抛球的同学尽量抛高抛直，才有足够的时间换位跑动。

游戏延伸：可以进行正五边形跑动或平行换位跑动。

游戏器材：沙球4个。

5.保护粮食

游戏学段：水平一。

游戏人数：3人。

游戏目的：提高反应能力。

游戏方法：在地上画一个直径为5米的圆圈，圆圈内放置5个代表“粮食”的沙球。游戏开始，一名学生站在圆圈的周围保护“粮食”，其他两名学生“抢夺粮食”，直到“粮食”被抢完游戏结束。

游戏要求：游戏双方都要积极主动。

游戏延伸：可以规定游戏时间或者增加游戏的人数。

游戏器材：沙球5个。

6.病毒传播

游戏学段：水平一、水平二。

游戏人数：7~9人。

游戏目的：提高跑动、躲闪能力。

游戏方法：一名学生手持沙球扮演“病毒”，其他参与游戏的学生在一定的区域内跑动，扮演“病毒”的学生用沙球触碰其他学生，被触碰的学生视作被感染了“病毒”，直到学生全部感染游戏结束。

游戏要求：游戏双方都要积极主动参与游戏。

游戏延伸：在游戏中可以加入“医生”的角色，被感染的学生可以通过“医生”来救治。

游戏器材：沙球1个。

7.士兵打木头人

游戏学段：水平一、水平二。

游戏人数：16人。

游戏目的：提高快速投掷及跳跃能力。

游戏方法：挑选两名学生扮演“士兵”，其余学生扮演“木头人”，“士兵”和“木头人”相距10米远的距离面对面站立。游戏开始，“木头人”采用直腿双脚跳跃的动作向“士兵”方向进攻。“士兵”手持沙球投向“木头人”，击中的“木头人”原地不动。在游戏中“士兵”全部消灭“木头人”，“士兵”胜；“木头人”通过了规定距离，“木头人”胜。

游戏要求：“士兵”在投球的过程中不要攻击“木头人”的头部。

游戏延伸：游戏中可以加大距离，“木头人”可采用跑步的形式，在跑动的过程中也可以模仿“木头人”做各种动作。

游戏器材：沙球30个。

8.穿越火线

游戏学段：水平二、水平三。

游戏人数：20人。

游戏目的：提高投准能力。

游戏方法：游戏前把学生分成攻、守两组队员，攻方队员负责“穿越”，守方队员负责“防守”。守方队员站在场地两侧，攻方队员站在正面位置。游戏开始，攻方队员进行正面“突围”，守方队员在两侧投掷沙球防止“突围”，被击中的攻方队员原地倒下。游戏过程中攻守双方交换角色，击中多的队获得胜利。

游戏要求：守方队员在投球的时候要避免击中对方头部。

游戏延伸：可以对“穿越”路径进行设计，提升参与者的积极性。

游戏器材：沙球30个。

9.2对2半场比赛

比赛学段：水平一、水平二。

比赛人数：4人。

比赛目的：引导学生适应比赛。

比赛方法：在沙球球场半场进行沙球比赛。

比赛延伸：3对3半场比赛。

比赛器材、场地：沙球1个、沙球场地。

10.4对4全场比赛

比赛学段：水平二、水平三。

比赛人数：8人。

比赛目的：提升学生比赛水平。

比赛方法：在沙球球场全场进行沙球比赛。

比赛延伸：5对5全场比赛。

比赛器材、场地：沙球1个、沙球场地。

第六章　沙球运动校本课程开发

一、沙球运动水平段内容开发

沙球运动是一项融合了传接、投掷、跑动等技术，具有攻防转换快、场地要求不高、器材简单、技术不复杂、趣味性强等特点的运动。沙球运动是一项全身性的体育运动，通过参与沙球运动体验比赛乐趣，达到锻炼身、心、智的目的。本章是根据我校学情，基于《浙江省中小学体育与健康课程指导纲要》，按照“技术、体能、运用”三维度和“学练三个一”课堂教学模式要求，针对小学段水平一、水平二、水平三教学内容范围与标准和大单元教学内容进行的开发。

水平一教学建议：

（1）本阶段主要通过多种形式的沙球游戏，让学生在游戏中学会抛接球的各种方法。应注意在游戏中融入移动性技能、操作性技能，发展学生的基本活动能力。

（2）通过多种游戏练习，让学生从不同姿势、力量、速度、方向、路线等方面体验人与球的关系，提高练习兴趣，见表6-1-1。

表6-1-1　水平一沙球运动教学内容范围、标准与建议课时

水平段	内容范围		标准	建议课时
水平一	沙球基本抛接球方法	多种形式的抛接球游戏	认知：能说出抛接游戏动作的名称；在体验的基础上，能简要描述抛接的力量、高度、方向等运动现象。 技能：能做出至少5种形式的自抛接球动作；能根据练习环境改变任务完成动作；在抛接球过程中能集中注意力，跟踪来球并主动伸臂接球，表现出一定的判断力与控制力。 情感：在练习中积极尝试，敢于接球、乐于合作	26
		综合游戏	认知：能说出3个以上综合游戏的名称；能根据教师或学生的动作说出动作的名称。 技能：能在各种传送、传递、抛接、抛远综合游戏中，遵守游戏规则，做出滚动、平衡、跳跃、跑动等动作，如连续抛接比多、抛球过线、抛球比高、抛球比远、抛接球换位；能感知球的特性，抛得稳、接得准。 情感：积极练习、乐于展示成果	

水平二教学建议：

本阶段主要强调各种技术练习在综合活动中的运用，提高、巩固单个动作的质量，建立多种“组块式”的动作模式。教学中要注重组合动作的学练质量，关注学生的判断、移动和单项技术的运用能力，注意创设不同难度的环境任务，让学生自主探究、积极发现，避免说教式、机械式教学，见表6-1-2。

表6-1-2 水平二沙球运动教学内容范围、标准与建议课时

水平段	内容范围		标准	建议课时
水平二	沙球基本技术方法	多种形式的传接球方法	认知：能说出传接球动作的名称，知道传球时要学会判断。 技能：在游戏中，能根据需要选择单、双手等传球方式将球准确地传给同伴；接球时，能根据来球特征调整身体位置，在球落前准确接住球。 情感：积极尝试，同伴配合，追求传接球的成功率、稳定性	24
		多种形式的投接球方法	认知：能说出投接球游戏的名称，知道投球的时机，学会判断投接球时机。 技能：在游戏中，能根据任务至少做出2种投球动作并达到一定的命中率。 情感：乐于挑战不同难度的任务，表现积极努力	
		多种形式的移动方法	认知：能说出各种移动动作的名称，能简要描述组合动作的方法。 技能：能够做出3种以上的移动动作，能够表现出一定灵敏度、协调性，具有一定的速度。 情感：主动参与练习，乐于承受一定的运动负荷	
		多种形式的组合动作方法	认知：能简要描述组合动作的名称与方法。 技能：能做出3种以上组合动作，如传接球+移动、传接+移动+投接球、三角传接球+移动等组合，并在有防守的情况下达到一定的成功率。 情感：大胆尝试，乐于探究，提高活动质量	
		综合活动	认知：能够描述活动简单规则，并能运用规则进行活动。 技能：能够在各种游戏活动中，用传球、接球、投接球等动作完成游戏，结合规则进行简单的比赛活动，表现出反应敏捷、跑动灵活、乐于合作。 情感：表现出良好的合作与团队意识	

水平三教学建议：

本阶段教学要注重技术与简单战术的实际应用。在教学中要设置有一定难度、一定规则的比赛，尤其是注重在比赛中提高学生的技术应用水平、团队合作能力、一般与专项体能、情绪与心理调控能力等综合素养，体现以体育人的综合效应，见表6-1-3。

表6-1-3　水平三沙球运动教学内容范围、标准与建议课时

<table>
<tr><th>水平段</th><th colspan="2">内容范围</th><th>标准</th><th>建议课时</th></tr>
<tr><td rowspan="2">水平三</td><td rowspan="2">沙球简单战术运用方法</td><td>传接球技术及运用</td><td>认知：能简要描述传接球的特征与运用时机。
技能：在行进间传接球、抢断球、积极防守等难度不断递增的环境中，做出单手肩上传接球、双手头上传接球、单手低位传接球等传接球动作中至少1种，将球及时传给移动中的同伴，表现出传球技术的快速、准确、及时、多变。能根据来球的环境特征，做出起跳接球、跨步接球，接球后投球或分球，做到动作连贯协调。
情感：积极进取、乐于合作</td><td rowspan="2">36</td></tr>
<tr><td>投接球技术及运用</td><td>认知：能说出原地和行进间投接球的动作要点和练习方法，能简要描述不同投球技术的运用价值。
技能：能使用原地与行进间单手肩上投球技术在定点投接球、5分钟自由投接球、起跳投接球等活动中，根据投球距离、角度等的不同，瞄准并控制用力提高投球命中率；结合移动、防守等不同环境的变化提高技术运用水平；结合组合技术与简单战术，能在有防守的情况下创造得分机会，提高命中率。
情感：敢于挑战、决策果断</td></tr>
</table>

续 表

<table>
<tr><th>水平段</th><th colspan="2">内容范围</th><th>标准</th><th>建议课时</th></tr>
<tr><td rowspan="2">水平三</td><td rowspan="2">沙球简单战术运用方法</td><td>简单战术及运用</td><td>认知：能说出2种简单战术的名称及运用价值。
技能：在组合练习或3V3、4V4等教学比赛中，能与同伴配合，积极运用各种组合技术以及传切配合战术、快攻战术、人盯人防守战术，提高比赛的综合能力；能积极参加各种比赛，并能在分析本方与对手特征的基础上选择合理的技战术。
情感：在学练中表现出积极进取、乐于竞争、善于合作的品质，能积极应对挫折和失败并保持稳定的情绪</td><td rowspan="2">36</td></tr>
<tr><td>综合活动与比赛</td><td>认知：能描述球感、体能对提高沙球技能的价值，并说出3种以上的练习方法；简要描述沙球运动的特征和价值。
技能：能熟练地做出各种传接球动作，并进行3V3、5V5等小型比赛；熟悉规则并在比赛中运用，并且能够承担简单的裁判任务。
情感：参与比赛、乐于比赛，分享比赛经验</td></tr>
</table>

二、沙球运动大单元开发

1.单元开发背景

沙球运动是由沙包游戏演变而来的一项运动。沙球运动融合了传接、投掷、跑动、躲闪、对抗和配合等众多技战术，具有攻防转换快、趣味性强、运动量大等特点，非常适合在小学体育活动中开展。沙球运动集合了篮球的对抗、手球的传接、足球的跑动三大运动的技术特点，是一项全身性的体育运动。沙球运动定位于大型运动（篮球、足球、排球）和基本游戏之间的一项运动形式，没有大型运动的严谨正规，但是有基本游戏没有的完整比赛规则。这样一个运动项目，最大的价值是能够带给学生更多的比赛体验，感受比赛带来的乐趣。

2. 大单元设计总体思路

本大单元以抛、投、接为主要动作元素，结合原地、移动、自抛接、合作抛接、对抗抛接等形式，通过器材、场地、规则、人数等学练环境变化，按照“技术、体能、运用”三维度和“学练三个一”课堂教学模式要求，遵循由易到难的原则进行编写。重点发展抛接、跑动、协调等能力，促使儿童在运动能力、健康行为、体育品德方面得到全面发展。在单元构建时遵循学生运动习得规律，水平一设置沙球基本抛接动作（见表6-2-1），水平二设置组合技术及运用（见表6-2-2），水平三设置简单战术及运用（见表6-2-3），最终目的是通过本单元的深度学习让学生体验沙球运动比赛的乐趣。

表6-2-1　水平一体育与健康课程内容与课时分配表

项目	水平课时分配		学期课时分配			
	单元教学内容	课时	一上	一下	二上	二下
健康教育	体育与健康基础知识	32	8	8	8	8
位移类运动技能	走、跑、跳、侧滑步、爬行等位移类基本活动方法	72	18	18	18	18
非位移类运动技能	转体、平衡、屈体、伸展、举绕等非位移类基本活动方法	80	20	20	20	20
操控类运动技能	投掷、传接、抓握、抛接等操控类基本活动方法	104	26	26	26	26
课时总计	288		72	72	72	72

表6-2-2　水平二体育与健康课程内容与课时分配表

项目	水平课时分配		学期课时分配			
	单元教学内容	课时	三上	三下	四上	四下
健康教育	体育与健康基础知识	24	6	6	6	6
体能	功能性体能类动作以及平衡、柔韧、灵敏、协调、速度等身体素质	24	6	6	6	6

续　表

项目	水平课时分配		学期课时分配			
	单元教学内容	课时	三上	三下	四上	四下
专项运动技能：篮球	多种形式的运球、传接球、投准活动方法	84	24	18	24	18
专项运动技能：足球	多种形式的控球、运传球、踢球活动方法	36	—	—	18	18
专项运动技能：体操	多种形式的支撑和滚翻活动方法	36	18	18	—	—
校本内容：沙球	组合动作、体能、比赛	12	—	6	—	6
课时总计	216		54	54	54	54

表6-2-3　水平三体育与健康课程内容与课时分配表

项目	水平课时分配		学期课时分配			
	单元教学内容	课时	五上	五下	六上	六下
健康知识	体育与健康基础知识	24	6	6	6	6
体能	功能性体能动作优化以及速度、力量、平衡、灵敏、柔韧等身体素质	24	6	6	6	6
专项运动技能：篮球	运、传、投组合练习，综合活动练习方法	96	24	24	24	24
专项运动技能：排球	基本姿势、移动步法、垫球动作方法	36	—	—	18	18
专项运动技能：武术	武术基本套路	18	18	—	—	—
校本内容：沙球	组合技术、比赛、发展体能的综合活动	18	—	18	—	—
课时总计	216		54	54	54	54

3. 单元设计案例

（1）水平一（一上）沙球抛接游戏单元设计。

水平一（一上）沙球抛接游戏单元设计案例见表6-2-4。

沙球运动

表6-2-4　水平一（一上）沙球抛接游戏单元设计案例

<table>
<tr><td>单元名称</td><td colspan="4">多种形式的沙球抛接活动方法和游戏</td></tr>
<tr><td>教材分析</td><td colspan="4">1. 教材内容：抛接是由抛和接两个动作组成，属于人体基本活动中的操作性动作范畴。抛的显性动作表现为抛高、抛远，抛准；接的显性动作表现为单手接、双手接；抛接的显性动作表现为自抛高接住、对抛远接住。再辅以跳跃、跑动、平衡、滚动构成多种形式的抛接活动。
2. 教材价值：抛接可以有效发展学生的协调、快速反应、灵敏等基本能力，多样化的抛接内容还可以提高学生视动协调能力，提升学生的空间意识。良好的抛接能力可以为学习更复杂的运动技能奠定基础</td></tr>
<tr><td>学情分析</td><td colspan="4">水平一阶段的学生处于启蒙阶段，对所接触的事物都有好奇心，喜欢角色扮演。在学习技能方面主要以模仿为主，具备一定抛接物体的能力，但是还不能很好地完成有难度的抛接动作，需要进行专门的强化练习</td></tr>
<tr><td>单元目标</td><td colspan="4">1. 认知：知道抛接、抓握动作的区别，能够区分胸前抛接、肩上抛接等不同肢体部位的动作方法，通过抛接建立空间、方位意识，提高判断能力。
2. 技能：能在游戏中，根据不同练习环境的变化，完成多种形式的抛接动作。结合跑动、跳跃、平衡等动作模式展示协调、灵敏、专注、机智等综合能力。
3. 情感：在不同的抛接练习中表现出积极尝试、勇于挑战的精神</td></tr>
<tr><td>核心任务</td><td colspan="4">展示抛接的高远度与准确度</td></tr>
<tr><td colspan="5">教学过程</td></tr>
<tr><td>课时</td><td>教学内容</td><td>教学目标</td><td>关键问题</td><td>学练三个一</td></tr>
<tr><td>1</td><td>沙球抛接动作方法1：抛球的动作</td><td>1. 认知：能说出抛球的动作要领，建立抛球的意识。
2. 技能：能做出双手上抛、前抛的动作，并且抛过一定的高度，抛出一定的远度。
3. 情感：乐于参加各种练习，在练习中主动改进动作</td><td>方向、力度</td><td>1. 单一：
①原地双手向上抛球
②原地双手向前抛球
2. 组合：
①双手向上抛球+击掌
②单人并脚跳+双手垂直向上抛
3. 游戏：比比谁抛得最高</td></tr>
</table>

续　表

课时	教学内容	教学目标	关键问题	学练三个一
2	沙球抛接练习方法1：抛高抛远	1.认知：能理解抛高、抛远用力方式的不同。 2.技能：在学练中通过辅助手段，做到蹬地发力抛得高、抛得远，并能根据设置的障碍选择合理的动作，将球抛到一定的区域内。 3.情感：积极练习、观察同伴的练习动作，优化自身动作	方向、力度	1.单一： ①原地抛高 ②原地抛远 2.组合： ①双手上抛+原地并脚跳 ②双手前抛+跑动 3.游戏：抛球过线
3	沙球抛接练习方法2：移动中中抓握沙球	1.认知：懂得慢放快抓的动作要领。 2.技能：在练习过程中，抓握球成功率达80%。 3.情感：积极参与练习，能够体会到抓握的乐趣	抓的时机	1.单一： ①双手放+双手抓 ②双手放+右（左）手抓 2.组合： ①单手放+马步跳+单手抓 ②单手放+前后（左右）跳+单手抓 3.游戏：抓抓乐
4	沙球抛接练习方法3：自抛接	1.认知：能够描述双手接球的动作要点。 2.技能：学会双手接球，并结合其他动作做出双手接球动作。 3.情感：勇于挑战更高难度的动作，表现积极努力	上下肢协调用力地抛高、抛直，接得准	1.单一： 双手抛+手拍膝+双手接 2.组合： ①双手抛+手触地+双手接 ②双手抛+跳起+双手接 ③抛球过高度线 3.游戏：30秒抛接比赛

续 表

课时	教学内容	教学目标	关键问题	学练三个一
5	沙球抛接练习方法4：接球	1. 认知：能说出双手抛接基本动作的要领，建立自抛接的动作概念。 2. 技能：能在练习中做出上抛一定高度并且能够接住球。 3. 情感：敢于挑战，积极参与比赛，同伴间互相激励	主动迎球，手指抓球	1. 单一： 双手抛+双手接 2. 组合： ①单人双手抛+原地并脚跳+双手接 ②单人双手抛+原地跨步跳+双手接 3. 比赛：连续3次抛接比多
6	沙球抛接动作方法2：单手抛接的动作	1. 认知：能够描述单手抛接的方法，懂得低手向斜上抛的动作要领。 2. 技能：在多种双人抛接练习过程中，抛接成功率达到70%。 3. 情感：培养团结合作能力，能在双人练习中，体会到配合乐趣	抛球方向	1. 单一： ①双人双手抛+双手接 ②双人单手抛+双手接 2. 组合： ①双人原地跑动+单手抛+双手接 ②双人转圈+单手抛+双手接 3. 游戏：导弹追踪
7	沙球抛接练习方法5：肩上对抛接	1. 认知：懂得单手向前抛的动作要领。 2. 技能：在多种双人抛接练习过程中，做出规定动作，熟练运用单手抛双手接的方法，成功率达到75%。 3. 情感：培养团结合作能力，能在双人练习中，体会到配合乐趣	移动中接准	1. 单一： 双人肩上远距离抛接球 2. 组合： ①（双人）单手肩上抛+上步+接球 ②（双人）单手肩上抛+侧滑步+接球 3. 比赛：30秒连续抛接比多

续　表

课时	教学内容	教学目标	关键问题	学练三个一
8	沙球运用方法：多种抛接动作	1.认知：能说出各种抛接在有人防守的情境中的运用。 2.技能：能在多种练习中做出抛球准、接球稳的动作，发展灵敏度、协调性。 3.情感：培养果断自信的品质、善于合作的精神	力度控制、接球稳	1.单一： ①（单人）双手抛+击掌+双手接 ②（单人）双手抛+胯下击掌+双手接 2.组合： ①抛接＋换位跑动 ②单手抛＋胯下击掌＋双手接 3.游戏：导弹拦截
评价方案	按照3：3：3：1的比例对学生成绩进行评估，并划分为优秀、良好、及格和不及格四个等级。 素养1 运动能力： ①对抛接动作技术具备正确认知并灵活运用； ②利用抛接动作发展体能，身体状况优秀，表现为体能储备充足。 素养2 健康行为： 利用沙球进行锻炼，养成经常锻炼的好习惯。 素养3 体育品德： 通过练习发展互助互学的精神，培养团队协作能力及良好的规则意识			

（2）水平二（四下）沙球组合技术及运用方法单元设计。

水平二（四下）沙球组合技术及运用方法单元设计案例见表6-2-5。

表6-2-5　水平二（四下）沙球组合技术及运用方法单元设计案例

单元名称	沙球传接球+投接球组合技术及运用方法
教材分析	1.教材内容：组合技术是进攻队员在场上相互联系和组织进攻战术的纽带，也是实现战术配合的具体手段，主要有移动传接球组合、移动传接投球组合、配合技术组合。在沙球运动中传接球、投球技术更多的是体现在进攻技术中，所以加强传接投技术对于提高整体进攻能力非常重要。 2.教材价值：组合技术是沙球运动中的主要技术之一，是指在沙球运动中进攻队员之间有目的地支配球、转移球的方法。沙球运动中有“持球不能移动”的规则，因此要求球员在比赛中运用传接球技术时应做到及时、多变、准确、巧妙、隐蔽地利用球的转移调动防守，可以打乱对方的防守部署，创造良好的进攻机会，提高进攻效率。因此，掌握好沙球的传接投技术，有利于形成自己的技术风格

续 表

单元名称	沙球传接球+投接球组合技术及运用方法			
学情分析	四年级的学生正是处于精力最旺盛的时期，男女生的身体差距不是很明显。他们喜欢跑步、跳跃等体育项目，对于新的体育项目也非常好奇，接受能力非常强。经过水平一沙球基本技术的学习已经有一定的基础，对水平二的学习起到非常好的铺垫作用			
单元目标	1.认知：能够说出传接组合技术、传接投组合技术等动作的方法，了解沙球比赛基本规则，建立沙球运动的整体意识。 2.技能：掌握沙球传接球技术、投球技术、简单的无球跑动技术的动作要领，并在比赛中灵活运用。 3.情感：在练习中提高配合意识，感受沙球运动带来的快乐			
核心任务	在多种练习情境中做到传球及时、接球稳定、投球准确，提高进攻能力			
教学过程				
课时	教学内容	教学目标	关键问题	学练三个一
1	沙球组合技术1：移动+传接球	1.认知：能够说出移动中，传接球投准的动作要领。 2.技能：在练习中能够接住球后投准，在积分赛中能根据不同的情况做出合理的传接球、跑动、投准。 3.情感：培养团队协作精神	及时、准确	1.单一： 跑动传接球 2.组合练习： ①上步＋接球＋投准 ②跑动＋接球＋投准 3.游戏：五人一组三分积分赛
2	沙球组合技术2：移动+传接+接球	1.认知：能说出几种沙球的传球方法。 2.技能：在移动中做出传球动作和接球动作。 3.情感：积极练习，观察同伴的练习动作，优化自身动作	传球准，接球稳，投得准	1.单一练习： 两人一组，行进间传接球到终点后投球 2.组合练习： 三人三角移动传球+投球 3.比赛：四人传球一人抢断+投球

续　表

课时	教学内容	教学目标	关键问题	学练三个一
3	沙球组合技术2：移动+传接+接球	1. 认知：知道移动与投球的结合，找到最佳的投掷时机。 2. 技能：接球上一步的投掷方法。 3. 情感：培养团队协作精神，能在相互练习配合中加强衔接提高效率	移动与接球的结合	1. 单一： ①移动接球投球 ②跑3步接球投球 2. 组合： ①双人配合移动传接球投球 ②三人攻防接球投球 3. 比赛：限时3分钟双人传接球投掷
4		1. 认知：能说出沙球的合作技战术方法。 2. 技能：在练习中能熟练进行多人合作抛接球，发展协调性、灵敏度等。 3. 情感：在比赛中遵守游戏规则，相互合作，发挥团队精神	移动中快速抛接投球	1. 单一： 双人合作抛接球整体向前移动10米 2. 组合： 双人合作抛接沙球多方向移动（绕过不同障碍物等） 3. 游戏：10米传接移动比快
5	沙球组合技术3：配合技术	1. 认知：能说出二过一配合的重点。 2. 技能：在2V2的竞技比赛中，能在不同的情况下积极跑动、传球、投准。 3. 情感：培养团队协作精神	配合意识	1. 单一： ①左右横移传接球 ②8字跑动传接球 2. 组合： 二过一配合＋投准 3. 游戏（比赛）：2V2游戏（比赛）
6		1. 认知：能说出三人配合中一人持球两人插上的动作要领。 2. 技能：在3V3的竞技比赛中，能在不同的情况下积极跑动、传球、投准。 3. 情感：培养团队协作精神	预判、隐蔽	1. 单一： 多球投准练习 2. 组合： ①三人一组跑动传球+投准练习 ②三过二配合+投准 3. 游戏（比赛）：3V3游戏（比赛）

续 表

课时	教学内容	教学目标	关键问题	学练三个一
7	沙球组合技术的运用方法1	1.认知：知道比赛规则。 2.技能：在3V3比赛练习中了解并熟悉规则。 3.情感：在有裁判的比赛中顺利进行比赛，接受判罚	规则意识	1.组合： ①分组轮换进行比赛练习 ②裁判规则的学习了解 2.比赛：3V3比赛实践
8	沙球组合技术的运用方法2	1.认知：知道5V5全场比赛规则。 2.技能：在5V5比赛练习中了解并熟悉规则。 3.情感：在有裁判的比赛中顺利进行比赛，接受判罚	比赛意识	1.组合： ①分组轮换进行比赛练习 ②裁判规则的学习了解 2.比赛：5V5比赛实践
评价方案	按照3：3：3：1的比例对学生成绩进行评估，并划分为优秀、良好、及格和不及格四个等级。 素养1 运动能力： 利用抛接、移动、投球动作发展体能，身体状况优秀，表现为体能储备充足。 素养2 健康行为： 利用沙球进行锻炼，养成经常锻炼的好习惯。 素养3 体育品德： 通过比赛发展勇于拼搏的精神，培养团队协作能力及良好的规则意识			

（3）水平三（五下）沙球简单战术及运用方法单元设计。

水平三（五下）沙球简单战术及运用方法单元设计案例见表6-2-6。

表6-2-6 水平三（五下）沙球简单战术及运用方法单元设计案例

单元名称	沙球简单战术及运用方法
教材分析	1.教材内容：沙球战术是指在比赛和训练中队员个人技术的合理运用和同伴之间协同配合的组织形式。战术运用的目的是运用队形、路线、攻守点面结合等形式，制约对方，掌握比赛的主动权，最终赢得比赛。 2.教材价值：在比赛中以战术制约对手，控制节奏，破坏对方节奏和比赛思路。由于沙球运动技术结构不是很复杂，因此沙球运动最大的魅力就是同伴之间战术协同、打出精妙的配合

续　表

<table>
<tr><td>单元名称</td><td colspan="4">沙球简单战术及运用方法</td></tr>
<tr><td>学情分析</td><td colspan="4">五年级的学生在力量、速度、耐力方面有了很大的提升，在身体方面具备对抗的能力，在认知方面也具备了相互配合、协助的意识。通过水平一、水平二相关内容的学习，已经掌握了沙球基本技术和组合技术，为沙球战术的练习奠定了良好的基础</td></tr>
<tr><td>单元目标</td><td colspan="4">1. 认知：知道沙球进攻、防守两大基本战术，了解简单战术配合技术，学会更多的比赛规则，能够看懂比赛。
2. 技能：学会二过一、三角移动、传切配合等多种战术并在比赛中运用。
3. 情感：在沙球比赛中磨炼意志，提升团队凝聚力，感受沙球比赛的乐趣</td></tr>
<tr><td>核心任务</td><td colspan="4">参与比赛，建立进攻、防守意识，提升比赛能力</td></tr>
<tr><td colspan="5">教学过程</td></tr>
<tr><td>课时</td><td>教学内容</td><td>教学目标</td><td>关键问题</td><td>学练三个一</td></tr>
<tr><td>1</td><td>沙球简单战术及运用方法1</td><td>1. 认知：能说出沙球基本战术传切配合战术的名称以及基本要求。
2. 技能：能在比赛练习中做出传球后迅速接球得分，提高传切的观察能力及沟通配合能力。
3. 情感：培养团队协作精神</td><td>传球时机及无球跑动</td><td>1. 单一：
①单手接垂直下落球
②单手接水平球
2. 组合：
①快速移动+接沙球投
②原地转身+接沙球投
3. 比赛：沙球教学比赛（运用传切配合）</td></tr>
<tr><td>2</td><td>沙球简单战术及运用方法2</td><td>1. 认知：能说出沙球基本战术配合交叉换位、传切、掩护配合等战术的名称以及基本要求。
2. 技能：能在练习中做出基本战术配合，如传切、掩护、换位等战术配合，提高战术配合意识、快速移动与判断能力。
3. 情感：乐于参加沙球游戏，具有团队合作意识</td><td>基本战术配合的意识</td><td>1. 单一：
①预判沙球落点＋快速移动接球练习
②二人交叉换位练习
③三人轮转换位练习
2. 组合：
①快速移动＋连续交叉换位练习
②二人推小车＋交叉换位练习
3. 游戏：沙球教学比赛（运用交叉换位战术2并得分）</td></tr>
</table>

续 表

课时	教学内容	教学目标	关键问题	学练三个一
3	沙球简单战术及运用方法3	1.认知：能说出2种以上沙球防守基本技术的名称。 2.技能：能在沙球防守练习中，做出穿过、绕过、抢球、断球等防守动作，发展速度、协调性、灵敏度等。 3.情感：在沙球防守练习中磨炼意志，坚持不懈，在比赛中努力展示自我	防守意识	1.单一： ①一对一人盯人防守练习 ②跟随防守练习 ③交换防守练习 2.组合： ①三人三角形防守练习 ②四人四边形防守练习 3.比赛：4V4沙球对抗赛
4	沙球简单战术及运用方法4	1.认知：知道长传配合的技术要点，掌握2~3种进攻的技术方法。 2.技能：在练习中传球准确、接球稳当，在比赛中做出合理的跑动，体现出进攻意识与能力。 3.情感：在沙球比赛中提升进攻插上的配合意识，提高团队协作精神	进攻意识	1.单一： 远距离的长传 2.组合： ①三人配合，一人长传+一人接球、传球+一人接球投准 ②3V2配合 3.比赛：4V4沙球对抗赛
5	沙球简单战术及运用方法5	1.认知：知道沙球基本的比赛规则，能够在沙球比赛中遵守规则。 2.技能：学会在比赛中运用沙球的比赛规则。 3.情感：在沙球比赛中磨炼意志，提升团队协作精神，感受沙球比赛的乐趣	规则意识	战术演练 3V3教学比赛 5V5教学比赛
评价方案	按照3：3：3：1的比例对学生成绩进行评估，并划分为优秀、良好、及格和不及格四个等级。 素养1 运动能力： 利用比赛动作发展体能，身体状况优秀，表现为体能储备充足。 素养2 健康行为： 利用沙球进行锻炼，养成经常锻炼的好习惯。 素养3 体育品德： 通过比赛发展勇于拼搏的精神，培养团队协作能力及良好的规则意识			

第七章　沙球运动拓展性研究

——基于沙球运动进行操控性技能学练的大单元开发

《义务教育体育与健康课程标准（2022年版）》（简称“课标”）中的课程内容，将投、传、接等动作纳入水平一操控性技能范畴中。投、传、接应用于沙球运动中即为抛、接、投掷等动作。抛、接、投的显性动作表现为抛高（远）、抛准、单（双）手接、掷远（准）等动作。学练抛接与投掷动作可以有效发展学生的协调性、灵敏度、快速反应等基本能力，多样化的抛接与投掷内容可以提高学生手眼协调、眼脚协调等视动协调能力，提升学生的空间意识、方位意识、合作能力，良好的抛接与投掷能力也可以为学习更复杂的运动技能奠定基础。

在以往的抛接与投掷操控性技能教学中，更多的是借助不同器械进行抛接、投掷等单一动作的重复练习，学生基本处于一个闭环式的练习情境，练习手段单一、枯燥。为了改变这种单一的练习场景，我校对标课标中操控性技能的练习要求，将抛接与投掷动作进行多场景的系统开发，让学生在沙球运动中习得抛接与投掷技能，并引导学生熟练使用抛接与投掷等动作参与沙球比赛，为其他体育项目的学练打下基础。本研究以水平一一年级下学期操控性技能中抛接与投掷为主题，借助沙球运动设计了18课时大单元教学方案。下面主要围绕大单元教学方案从设计依据、设计思路、设计亮点三个方面进行阐述。

一、大单元教学方案主题设计依据

操控性技能抛接与投掷主题大单元教学设计基于《义务教育体育与健康课程标准（2022年版）》，根据课程目标的四个水平，设计相应的内容。针对水平一课程目标，专门设置基本运动技能的课程内容，为体能和专项运动技能学练奠定基础。基本运动技能包括移动性技能、非移动性技能和操控性技能，其中操控性技能是指操控物体的能力，这类动作包括抛接、投掷、抓、踢、运、传、击等。虽然这些动作学生已经掌握，但是想发展出更精细、准确的动作，同样需要系统学习。本单元重点进行操控性技能中抛接与投掷动作的练习，提高学生抛接与投掷的能力。

1.指导思想与理论依据

水平一操控性技能抛接与投掷大单元以课标为依据，以发展学生的核心素养为根本任务，坚持“健康第一”课程理念不动摇。同时基于体育与健康学科特征，以及指向体育与健康学科知识、技战术掌握和运用能力、强化体育展示与比赛这一从能力到素养发展的途径，展现学科深度实践与迁移的关键内涵，落实“教会、勤练、常赛”的基本要求。课标提出注重教学方式改革，要求在实践教学中创设丰富多彩、生动开放的教学情境，使教与学的双边活动更加多元、更加丰富，体现有内涵的教学。

2.大单元特性分析

操控性技能抛接与投掷大单元教学选用沙球作为练习的器材。沙包是一种民间喜闻乐见的体育器材，延伸出来的沙球游戏更是深受学生喜爱。在沙球游戏中使用最多的动作就是抛接与投掷，针对这一特点本单元进行有针对性的开发，将抛接与投掷作为主线构建大单元，融入拦截、跑动、躲闪、对抗、配合等技术，并模仿手球、排球、篮球等运动项目设计简单的规则，创设各种形式的比赛，让学生在开放的环境中完成操控性技能抛接与投掷的练习。基于以上分析，本单元主要内容有抛高接球、抛远接球、抓握、投球、移动中抛（投）接球等个人动作；一对一合作抛接、隔网对抗、半场2V2比赛、全场4V4比赛等。通过本单元的学习，学生不仅能够习得抛接与投掷的技能，还能熟悉其他体育项目的特性，为后续学习专项运动技能奠定基础。

3.学情背景分析

水平一阶段的学生处于启蒙阶段，对新接触的事物有强烈的好奇心，喜欢角色扮演，在学习技能方面主要以模仿为主，具备一定的抛接、投掷轻物的能力，但是还不能很好地完成有一定难度的抛接、投掷动作，需要进行专门的强化练习。这一阶段的孩子对游戏、比赛有天然的喜爱，在教学时宜多采用游戏、比赛的方式增强学生的学习兴趣。为此，本单元在开始阶段设置弱对抗性的2V1比赛，让学生在弱防守下进行2打1配合，引导学生多做各种抛接球配合，体验成功的快乐。这一阶段的孩子正是规则意识的萌芽期，在掌握抛接与投掷动作的同时，使其通过比赛学习规则、建立比赛意识，帮助他们养成遵规守纪的良好习惯。

二、大单元教学方案的设计思路

本大单元以操控性技能中的抛接与投掷为主要动作元素，结合原地、移动、自抛接、合作抛接、对抗抛接等形式，通过器材、场地、规则、人数等学练环境变化，按照“技术、体能、运用”三维度和“学练三个一”要求进行编写。在单元构建时遵循学生运动习得规律，设置抛接动作、移动抛接动作、比赛情境等元素。最终目的是通过本单元的学习让学生学会抛接与投掷的操控性技能，并在真实的比赛情境中运用抛接与投掷动作。本单元的学习也能辅助学生发展体能，促进学生在运动能力、健康行为、体育品德方面得到全面发展，提升学生的核心素养。

1.大单元学习目标

（1）认知目标：能说出操控性技能锻炼价值，能说出借助沙球进行操控性技能抛接与投掷的学习，了解养成锻炼好习惯的价值；能说出在家中进行体育作业的练习要求；能说出在比赛中如何和同伴互相鼓励、遇到挫折时如何积极调整心态。

（2）技能目标：能在多种形式的抛接与投掷练习中，根据不同练习环境的变化，完成多种形式的抛接、投掷、拦截动作，结合跑空位、穿插跑位等战术完成简单的比赛；在练习中提升操控性技能水平，发展协调性、灵敏度、耐力等综合体能。

（3）情感目标：在练习中听从教师的安排，表现出积极进取、不怕失败的精神；在团队中不以自我为中心，能够团结同伴，提升团队凝聚力；在比赛中遵守比赛规则，勇于争先，正确看待胜负。

2.大单元内容要点与课时

根据课标中课程内容对基本运动技能学习的要求，本单元从基本知识与技能、技战术运用、体能、展示与比赛四个方面构建教学方案（表7-2-1）。我校一年级下学期的学生经过入学后一个学期的适应和学习，已经具备进行操控性技能学习的能力，但技能难度不宜太高。而操控性技能中的抛接与投掷技能难度不高，非常适合此阶段学生学习。单元设计时，摈弃了以往在抛接与投掷技能学习中单一的练习模式，营造了多种形式的学练环境，在课时安排时对比赛有更多的倾斜，旨在通过更多的模拟比赛，让学生获得运动的快乐。

表7-2-1　大单元内容要点与课时安排

<table>
<tr><td rowspan="2">内容分类</td><td rowspan="2">内容要点</td><td colspan="2">建议课时</td></tr>
<tr><td>小计</td><td>总计</td></tr>
<tr><td>基本知识与技能</td><td>1.学习操控性技能的相关知识点，了解抛、投、传动作的区别，掌握比赛的规则。
2.抛、接、投、抓握等单一基本动作的练习。
3.抛接、投掷组合动作的练习，移动抛接、投掷技术的练习</td><td>8</td><td rowspan="4">18</td></tr>
<tr><td>技战术运用</td><td>弱防守下的2V1、3V2对抗性练习，半场2V2对抗性练习，隔网对抗性练习</td><td>3</td></tr>
<tr><td>体能</td><td>走、快速跑、小步跑、高抬腿、匍匐爬、开合跳练习</td><td>3</td></tr>
<tr><td>展示与比赛</td><td>单一技术比赛：30秒钟连续抛接、比比谁最高、比比谁更远、隔网抛接球比多、准度大比武。
完整比赛：半场3V3比赛、全场4V4比赛</td><td>4</td></tr>
</table>

三、大单元教学方案的设计亮点

在18个课时的学习中，学生能够比较充分地学习抛接与投掷技术，进行多样化练习、参与各种比赛。这得益于前期细致的方案设计，以及后期教研组扎实的教学实践。总结本单元的特点，抛接与投掷大单元教学方案除了涵盖一般大单元教学设计的优点外，还在器材使用、教学内容结构化设计、项目融合等方面进行了有益的尝试。本大单元教学方案设计有以下几个主要亮点：

1.创新器材，让老物件焕发新活力

沙包是我们熟悉的老物件，它携带方便、价格低廉，深受学生的喜爱。但是在实际使用的过程中，也有明显的弊端，比如沙包容易造成眼睛进沙、有痛感等，伤害性较高。在实践中参考垒球的构造和外形，设计制作了正十二面体的沙球，作为操控性技能抛接与投掷大单元教学的器材。这种改进后的沙球，融合了沙球和垒球的优点，有良好的握持度、携带方便、不容易漏沙、伤害性低等特点，适合各种操控性技能的练习。根据沙球特性设计的模拟比赛，具有动作简单、规则易懂的特点，大大降低了学生参与比赛的难度。因此通过创新器材，让沙包这个老物件焕发了新光芒，也满足了学生的实际需要。

2. 三管齐下，力促教学内容结构化

在教学内容的设计上，从总体课时分配、课时内容安排、练习"说明"等方面实现教学内容深度结构化（见表7-3-1）。

从大单元的总体课时分配来说，18个课时的教学内容衔接有序。前7个课时，通过原地、左右、前后等不同方向的抛接与投掷练习掌握向各个方向进行抛接与投掷的技能，并在第8、第9课时进行运用，体现出学以致用的理念；从第10课时开始学习投接，随后的练习中过渡到抛接与投接的融合练习与运用，18个课时的教学内容由浅至深，体现了单元内容结构化。

从"学练三个一"角度安排课时教学内容，将单一练习、组合练习、比赛三个环节串珠成链。以第1课时"沙球抛接动作方法1：双手向上抛高"为例，单一练习是"双手向上抛高"，在单一练习时分别设置了原地双手向上抛球、原地双手向上抛球落一定区域，通过对抛球精度的要求变化，体现内容的递进。随后的组合练习设置了双手向上抛球＋击掌、双手向上抛球＋开合跳，对抛球的高度有了更高的要求；最后通过比赛"比比谁最高"进一步考查向上抛高的能力。课时设计由表及里，学练标准逐渐提高，体现了课时内容结构化。

通过设置练习"说明"进一步阐述了设计意图，使得每一个练习的设计目的、想要达成的学练目标更明确，也更清楚地表明了设计者的设计理念与设计意图。以第16课时"抛接、投掷的练习方法3：移动对抛接＋移动中一投一接"为例，组合练习中折返跑＋移动对抛接＋移动中一投一接的练习"说明"是：进一步学习跑空位接球的方法，为后续参与简单的比赛打下基础。这部分的练习“说明”，清楚表明了设计者想通过该练习培养学生跑空位战术的设计理念，学练标准就是学生能够跑出空位并能准确地抛接球。“说明”让设计更清晰易懂，体现了细节内容结构化。

3. 项目融合，为后续学习打下基础

抛接与投掷大单元不仅融合了传接、投准、拦截、跑动、躲闪、对抗、配合等众多技战术，还融入了手球、排球、篮球等项目的元素，为后续的专项运动技能学习埋下了种子。

以第8课时“沙球抛接运用方法1：隔网抛接球比赛”为例，在隔网抛接球中加入了同侧队友的互相传球练习，提高了比赛的趣味性、可玩性，渗透排球中的垫球、传球等技术；在第9课时“沙球抛接运用方法2：带发球隔网抛接球比赛”中加入了抛接发球，学生能在练习与比赛中体验完整的发球、接发球、传球等动作。学生在练习与比赛中了解了发球线、界内、出界等知识，学会了线外发球、接球、传球等技术动作，为水平三排球项目的学习打下基础。同样的，在后续的课时学习中，篮球等项目也得到渗透。从第15课时的弱防守下2V1、第16课时的正常防守下的2V1，到第17、第18课时的2V2、3V3、4V4比赛，学生体验了不同条件下的进攻与防守，后续在进行篮球项目的学习时对多打少配合战术就容易理解也会学得更快，具体内容详见表7-3-1。

实行以大概念为统领的大单元教学，抓住大单元设计的基础点，以学生的实际需求与兴趣为出发点进行创新、实践、反思，推动大单元研制简便化、大单元教学常态化。这样，大单元教学才会更有成效，更能实现“教会、勤练、常赛”的新课标目标，提升体育教学的质量。

沙球运动

表7-3-1　水平一操控性技能活动方法：抛接与投掷大单元教学方案

<table>
<tr><td>实施年级</td><td>一年级</td><td>实施学期</td><td>第二学期</td><td>设计者</td><td>徐贞华、姜文斌</td></tr>
<tr><td>单元名称</td><td colspan="3">操控性技能活动方法：抛接与投掷</td><td>课时数</td><td>18</td></tr>
<tr><td>教材分析</td><td colspan="5">1. 教材内容：抛接、投掷属于人体基本运动能力中的操控性技能范畴。抛、接、投的显性动作表现为抛高（远）、抛准、单（双）手接、掷远（准）等动作。练习的器材选用经过改进的正十二面体沙球，它融合了垒球和沙包的优点，有良好的握持度，更安全便携。
2. 教材价值：抛接、投掷可以有效发展学生的速度、耐力、协调性、灵敏度等身体素质，多样化的抛接、投掷练习可以提高学生手眼协调、眼脚协调等视动协调能力；提升学生的空间意识、方位意识、合作能力。多维度、开放性的比赛场景，可以让学生更好地享受比赛的乐趣，通过手球、排球、篮球等项目规则和技术的渗透，为后续学习专项运动技能奠定基础</td></tr>
<tr><td>学情分析</td><td colspan="5">水平一阶段的学生处于启蒙阶段，对新接触的事物有强烈的好奇心，喜欢角色扮演。在学习技能方面主要以模仿为主，具备简单抛接、投掷物体的能力，但是还不能很好地进行移动跟踪，投、接的准确性较低，需要进行专门的强化练习。这一阶段的学生对游戏、比赛有天然的喜爱，在教学时宜多采用游戏、简单的比赛，增强学生的学习兴趣</td></tr>
<tr><td>单元目标</td><td colspan="5">1. 认知：能说出双手向上抛高接球、移动抛（投）接球、合作抛（投）接球、抛接与投掷等动作的名称，说出抛接、投掷比赛的比赛规则，能够区分抛接、投接等不同动作。
2. 技能：能在多种形式的抛接、投掷练习中，根据练习环境的变化，完成多种形式的抛接、投掷动作，结合跑空位等战术，完成简单的比赛；展示协调、灵敏、专注、合作等综合能力，建立空间、方位意识，提高手眼协调、手脚协调等视动协调能力。
3. 情感：乐于参与各种练习，表现出积极尝试、勇于挑战的精神；善于发现同伴的优缺点，积极进行小组合作，同伴间能够相互帮助、共同进步</td></tr>
<tr><td>核心任务</td><td colspan="5">发展手眼协调、抛接与投掷能力，渗透比赛意识，为学习其他运动项目奠定基础</td></tr>
</table>

续　表

教学过程				
课时	教学内容	教学目标	关键问题	学练三个一
1	沙球抛接动作方法1：双手向上抛高	1.认知：能说出双手向上抛球的动作要领，建立抛球的意识。 2.技能：能做出双手向上抛球动作，抛起一定的高度，并能够让球落在指定区域内。 3.情感：乐于参加各种练习，在练习中遇到问题能主动提问并有意识地改进动作	方向、力度	1.单一： ①原地双手向上抛球 （说明：这是接触抛接的起始动作，建立抛接动作概念从学会抛起抛高开始） ②原地双手向上抛球落一定区域 （说明：不仅能够抛起足够的高度，而且要把球抛直，为后面能够顺利接住球做准备） 2.组合： ①双手向上抛球+击掌 （说明：设置问题引出击掌次数和高度的关系，引导学生抛高） ②双手向上抛球+开合跳 （说明：发展抛接与跳跃动作的衔接能力，提高协调性） 3.比赛：比比谁最高 （说明：运用双手向上抛高动作）

续 表

课时	教学内容	教学目标	关键问题	学练三个一
2	沙球抛接动作方法2：双手向上抛高接球	1.认知：能够说出双手向上抛高接球的动作名称，用自己的语言描述该动作的要点。 2.技能：能做出双手向上抛高接球动作，结合触地、跳起等动作展现出良好的抛高抛直的能力，接球成功率在60%以上。 3.情感：勇于挑战更高难度的动作，表现积极努力	方向、力度、判断	1.单一： ①原地抛高接住 （说明：尝试进行抛高接住的动作，建立抛高接住的整体动作概念） ②移动抛高过线接住 （说明：通过参照物的高度提升，进一步提升抛高抛直的能力，对球的判断能力和接球的能力） 2.组合： ①抛高+触地后接住 （说明：抛球后要完成下蹲后再接球，对抛接球的质量要求更高，提高抛高抛直的能力） ②抛高+跳起接住 （说明：抛球后完成跳起接球，对抛高抛直的质量要求更高，增强对球的判断能力和空中接球能力） 3.游戏：找身体 （说明：利用信号干扰，锻炼在复杂环境下的接球能力）

续　表

课时	教学内容	教学目标	关键问题	学练三个一
3	沙球抛接练习方法1：抛高抛远+向前移动接球	1.认知：能说出抛高抛远、向前移动接球等动作名称，懂得预判和跑动的重要性。 2.技能：能做出抛高抛远+向前移动接球的动作，结合自抛接开展自抛接+移动抛接的组合练习，动作衔接自然，提高接球成功率。 3.情感：在练习中不断挑战，不怕失败，善于观察学习	方向、时机	1.单一： ①抛高抛远 （说明：尝试性进行抛高抛远练习，感受抛高抛远和抛高动作的不同） ②抛高抛远+向前移动接球 （说明：设置一定的远度，逐渐提升抛球的高度，能快速移动上前接住球，锻炼抛球、跑动、接球的配合能力） 2.组合： ①原地自抛接（低）+抛高抛远+向前移动接球 （说明：感受向上抛接与向前抛接的不同，提高两个抛接动作间的衔接能力） ②原地自抛接（高）+抛高抛远+向前移动接球 （说明：通过增加自抛接高度提升自抛接与移动抛接的衔接难度，增强挑战性，进一步提高抛高抛远和向前移动接球的能力） 3.比赛：比比谁更远 （说明：通过增加抛球移动的距离，提升锻炼的难度和强度，并在比赛中体会成功的乐趣）

续 表

课时	教学内容	教学目标	关键问题	学练三个一
4	沙球抛接练习方法2：抛高抛远+左右移动接球	1.认知：能说出抛高抛远、左右移动接球等动作名称，用自己的语言描述出左右移动和向前移动的不同。 2.技能：能做出抛高抛远+左右移动接球的动作，完成不同距离的抛高抛远+左右移动接球，提高成功率。 3.情感：在练习中积极思考，不断挑战自己，体验成功的快乐	方向、时机	1.单一： ①左右两侧抛高抛远 （说明：感受向左右两侧抛高抛远与向前抛高抛远动作的差异，提高学生向不同方向抛高抛远的能力） ②抛高抛远+左右移动接球 （说明：分别向左右两侧抛球并接住，锻炼向左右抛、接、移动的能力） 2.组合： ①原地小步跑+抛高抛远+左右移动接球 （说明：通过加入小步跑，提高学生快速起动能力） ②听信号+抛高抛远+左右移动接球 （说明：听信号完成动作，锻炼学生的快速反应能力） 3.游戏：男生女生向前冲 （说明：运用抛高抛远+左右移动接球动作，在游戏中体会成功的乐趣）

续　表

课时	教学内容	教学目标	关键问题	学练三个一
5	沙球抛接练习方法3：抓握练习	1.认知：学生懂得慢放快抓的动作要领。 2.技能：在练习过程中，抓握球成功率达到80%。 3.情感：学生积极参与练习，能够体会到抓握的乐趣	时机	1.单一： ①双手放+双手抓 （说明：从简单动作开始练习，明白动作的结构） ②双手放+单手抓 （说明：练习单手抓球能力，锻炼手指抓球的灵活性） ③单手放+单手抓 （说明：进一步提高练习难度） 2.组合： ①单手放+马步跳+单手抓 ②单手放+前后（左右）跳+单手抓 （说明：增加练习场景，锻炼抓握能力） 3.游戏：抓抓乐 （说明：两人一组，一个放一个抓，提高快速反应能力和抓握球能力）
6	沙球抛接练习方法4：原地一抛一接（合作抛接）	1.认知：能够说出原地一抛一接的动作名称，能用自己的语言描述出合作抛接的心得体会。 2.技能：两人一组能够做出一抛一接的动作，掌握抛接的时机，抛接成功率达到60%。 3.情感：积极练习、善于观察、相互配合	位置、配合	1.单一： 原地一抛一接 （说明：两人面对面进行一抛一接，通过间距的改变增加练习的难度，初步体验合作抛接） 2.组合： ①原地高抬腿+一抛一接 （说明：原地高抬腿衔接抛球动作） ②原地蹲跳+一抛一接 （说明：原地蹲跳衔接接球动作） 3.比赛：30秒钟连续抛接 （说明：记录在30秒钟内两人连续抛接的个数）

续 表

课时	教学内容	教学目标	关键问题	学练三个一
7	沙球抛接练习方法5：移动中一抛一接（合作抛接	1. 认知：能够说出移动中一抛一接的动作名称，懂得抛球人抛出稳定的球、接球人快速移动看准接球时配合好的关键因素。 2. 技能：两人一组能够做出移动中一抛一接动作，挑战向各个方向的移动抛接，展现出一定的配合能力，抛接成功率达到60%。 3. 情感：善于发现同伴的优点，能够互相帮助、共同进步	反应、位置、配合	1. 单一： ①听信号一抛一接 （说明：通过同伴发信号的形式降低练习难度，初步体验移动中一抛一接动作） ②移动中一抛一接 （说明：在无信号练习中，提高抛球人的抛球能力，接球人的快速起动、移动、接球能力，进一步提高两人之间的配合能力） 2. 组合： ①剪刀石头布+移动中一抛一接 （说明：增强练习的趣味性，提高双方的快速反应能力） ②原地一抛一接+移动中一抛一接 （说明：感受原地一抛一接与移动中一抛一接的不同，提高配合的难度） 3. 比赛：两人配合抛接比赛 （说明：通过比赛，检验两人间的配合能力，抛接个数越多代表配合越默契）

续　表

课时	教学内容	教学目标	关键问题	学练三个一
8	沙球抛接运用方法1：隔网抛接球比赛	1. 认知：能说出隔网抛接球比赛的比赛规则。 2. 技能：能初步运用抛接球技术进行隔网抛接球比赛，表现出良好的抛接能力和一定的配合能力。 3. 情感：善于发现同伴的优点，能够互相帮助、共同进步	规则、合作	1. 单一： ①1V1隔网对抛接 （说明：复习隔网对抛接动作） ②2V2隔网对抛接 （说明：通过增加人数，每个人不再固定接一个人的球，提高隔网对抛接的配合难度，增强团队协作能力） 2. 组合： ①抛+接+传 （说明：在隔网抛接球中加入同侧队友的互相传球练习，提高比赛的趣味性、可玩性，渗透排球中的垫球、传球等技术，进行运动项目的迁移） 3. 比赛：班级挑战赛 （说明：锻炼各小组的配合能力）

续　表

课时	教学内容	教学目标	关键问题	学练三个一
9	沙球抛接运用方法2：带发球隔网抛接球比赛	1. 认知：能说出发球线、边线等场地中各种线的名称。 2. 技能：进一步运用抛接球技术进行隔网抛接球比赛，表现出抛高、抛远、接准的能力和一定的配合能力。 3. 情感：同伴之间能互相交流，相互鼓励，遵守比赛的规则，享受比赛的乐趣	规则、合作	1. 单一： ①线外抛接发球 （说明：从线外将球抛进对方有效场地，模拟排球的发球规则，掌握从线外使用抛球技术将球“发”到对方有效场地） ②线外抛接发球+接传抛 （说明：在罚球线以后发球，接发球、传球以及抛球过网，体验完整动作） 2. 组合： ①线外抛接发球+小碎步+接传抛 （说明：通过小碎步增强接球队员的起动能力，提高接球的成功率） ②助跑几步+线外抛接发球+接传抛 （说明：通过助跑提高发球的变化性，增加发球和接发球的难度） 3. 比赛：班级选拔赛 （说明：进一步运用抛接球技术，自主进行比赛，在比赛中通过抛接进行进攻和防守）

续　表

课时	教学内容	教学目标	关键问题	学练三个一
10	沙球投掷的动作方法1：不同姿势单手投	1.认知：能说出三种以上单手投掷的动作名称，如投、扔、撇等。 2.技能：能用单手做出投、扔、撇、滚等投掷动作，并能根据游戏规则灵活选择适合自己的投掷方法进行游戏。 3.情感：积极练习，大胆尝试	协调、连贯	1.单一： ①单手投 ②单手扔 ③单手撇 ④单手滚 （说明：这是接触投掷的起始动作，引导学生体验多种姿势的单手投球动作，感受不同姿势单手投的异同，引导学生做出单手肩上投球动作） 2.组合： ①匍匐前进+单手投掷 （说明：考验在完成匍匐动作后进行单手投的能力，结合训练营的教学情境，努力将“炸弹”投到“敌营”内） ②快速跑+单手投掷 （说明：奔跑到指定区域再进行投掷，进一步提高单手投的能力） 3.游戏：兵营大比武 ①远度大比武 ②准度大比武 （说明：在游戏中灵活使用多种姿势进行单手投游戏）

续 表

课时	教学内容	教学目标	关键问题	学练三个一
11	沙球投掷的练习方法1：向前投球	1. 认知：能用自己的语言描述出投远、投准的方法。 2. 技能：能做出向前投的动作，结合蹲跳、自抛接等动作展现出良好的动作衔接能力，投出的球有一定的远度和准度。 3. 情感：积极挑战自我，能够与同伴一起进行游戏，分享快乐	连贯、力度、角度	1. 单一： ①投过垫子 （说明：一名同伴将垫子举高，另一人使用单手投将球投过垫子，通过改变垫子与人的距离，不断提高投高、投远的能力） ②投球打垫 （说明：设置垫子为靶心，提高单手投准的能力） 2. 组合： ①自抛接+向前投准 （说明：在投准前增加自抛接的环节，既是对之前学习抛接内容的复习，又增加了投准的难度） ②向前跑+投远 （说明：在跑动中发展投远能力，体验项目的迁移） 3. 游戏：炸碉堡 （说明：运用向前投远、投准的技术进行游戏）

续　表

课时	教学内容	教学目标	关键问题	学练三个一
12	抛接、投掷的练习方法1：自抛接+投准	1. 认知：能说出自抛接+投准的动作名称，简要描述出动作方法。 2. 技能：能做出自抛接+投准动作，结合蹲跳、自抛接等动作展现出良好的动作衔接能力，投出的球有一定的远度和准度。 3. 情感：乐于展示自我，遇到困难不气馁，能够发挥想象力，勇于创编新动作	衔接、投准	1. 单一： ①自抛接（低）+近距离投准 （说明：感受自抛接+投准的动作组合模式，掌握抛接与投的动作时机） ②自抛接（高）+远距离投准 （说明：通过提高自抛接的高度与投准的距离，增加练习的难度，激发学生勇于挑战） 2. 组合： ①慢走+自抛接+投准 （说明：在慢走中完成自抛接和自抛接后的投准练习，建立走、抛接、投的组合动作概念） ②直线跑+自抛接+向前投准 （说明：在直线跑中完成自抛接和自抛接后的投准练习，建立跑、抛接、投的组合动作概念） 3. 游戏：创意大比拼 （说明：运用自抛接和投准动作，合理创编练习，比拼谁更有创意）

续 表

课时	教学内容	教学目标	关键问题	学练三个一
13	沙球投掷的练习方法2：原地一投一接	1.认知：能说出原地一投一接的动作名称，简要描述出接球的方法。 2.技能：能做出一投一接的动作、自抛接+投准动作，结合蹲跳、自抛接等动作展现出良好的动作衔接能力，投出的球有一定的远度和准度。 3.情感：在练习中团结同学，不责怪同学，能够做到互相帮助	角度、力度、配合	1.单一： ①单手投双手接 （说明：采用肩上单手投球的动作，设置5米以上的投掷距离，进行一投一接练习，感受远距离投接球的动作方法） ②单手投单手接 （说明：挑战单手接球） 2.组合： ①接球队员转身+一投一接 （说明：接球队员先转身，再接同伴的投球，对反应力要求更高，提高视动协调能力） ②投球队员转身+一投一接 （说明：投球队员先转身，再进行投球，对投球准确度要求更高，提高视动协调能力） 3.游戏：默契小搭档 （说明：运用投接动作进行游戏，能够接到更多的球，单位时间内“收获”多的队伍获胜）

续　表

课时	教学内容	教学目标	关键问题	学练三个一
14	沙球投掷的练习方法3：移动中一投一接	1.认知：能说出移动中一投一接的动作名称，说出移动与原地时投接球的区别。 2.技能：能做出移动中一投一接的动作，向各个方向快速移动接球。 3.情感：在练习中团结同学，不责怪同学，能够做到互相帮助	位置、时机	1.单一： ①一投一接 （说明：通过给信号、不给信号的一投一接练习，逐渐提高学生的判断能力和接球能力） ②换位投接 （说明：三人一组，一名队员原地投球，另两名队员换位接球，提高移动中的投接能力） 2.组合： ①高抬腿跑+一投一接 （说明：提高身体的灵活性，通过高抬腿跑进行良好的投接准备） ②原地对抛接+一投一接 （说明：在一抛一接前增加原地对抛接的环节，既是对之前学习的抛接内容的复习，又增加了一投一接的难度） 3.游戏：移动投接接力 （说明：通过游戏提高投接的配合默契度）

续　表

课时	教学内容	教学目标	关键问题	学练三个一
15	抛接、投掷的练习方法2：原地对抛接+原地一投一接	1. 认知：能说出原地对抛接+原地一投一接的动作方法。 2. 技能：能做出原地对抛接+原地一投一接动作，表现出抛接、投接动作连贯、协调。 3. 情感：在练习中和同伴友好相处，通过练习树立信心	位置、时机	1. 单一： ①原地对抛接+原地一投一接 （说明：通过抛接和投接的组合，提高完成不同抛、投接球动作的能力，以及动作之间的衔接能力） ②原地连续对抛接+连续一投一接 （说明：连续的次数是配合能力强弱的表现，进一步考验两人之间的配合度） 2. 组合： ①开合跳+原地对抛接+原地一投一接 （说明：提高跳跃与抛接、投接动作的协调能力） ②自抛接+原地对抛接+原地一投一接 （说明：体验自抛接、对抛接、投接等多种形式的抛、投接球动作，在练习中发展动作的衔接能力） 3. 比赛：穿越火线（弱防守下的2V1） （说明：弱防守下的2V1配合，防守者只能在线上移动，进攻方用抛接、投接的形式进行传球）

续　表

课时	教学内容	教学目标	关键问题	学练三个一
16	抛接、投掷的练习方法3：移动对抛接+移动中一投一接	1.认知：能说出移动对抛接+移动中一投一接的动作名称，能说出和前一课时原地动作的不同点。 2.技能：能做出移动对抛接+移动中一投一接动作，表现出移动快速，抛接、投接动作连贯、协调。 3.情感：勇于挑战更高难度的练习，在练习中和同伴积极沟通，友好相处	位置、时机、配合	1.单一： ①连续移动对抛接 （说明：复习连续对抛接动作） ②连续移动中一投一接 （说明：复习移动中一投一接动作） ③连续对抛接+连续移动中一投一接 （说明：在两个动作间灵活转换，进一步提高配合能力） 2.组合： ①直线跑+移动对抛接+移动中一投一接 （说明：通过直线跑练习，初步掌握跑空位接球的能力，为后续参与简单的比赛打下基础） ②折返跑+移动对抛接+移动中一投一接 （说明：进一步学习跑空位接球的方法，为后续参与简单的比赛打下基础） 3.比赛：正常防守下的2V1配合 （说明：防守者只能在固定区域内防守，进攻队员通过跑空位的方式跑出空当）

续　表

课时	教学内容	教学目标	关键问题	学练三个一
17	抛接、投掷的运用方法1：半场2V2比赛	1.认知：能说出2V2比赛的比赛规则，能用自己的语言总结出2V2配合的关键在于跑空位、传接球的稳定性和投球的精准性。 2.技能：能用所学的移动、跑（投）接球动作进行2V2比赛，展现出良好的接球能力和初步的跑空位战术意识。 3.情感：在练习与比赛中不断提高自己，能够团结队友，共同进步	规则、意识、配合	1.单一： ①跑+连续跑（投）接球+投准 （说明：利用直线跑、折返跑跑出空位，复习正常防守下的2V1战术） ②比赛规则 （说明：学习、了解比赛规则） 2.组合：2V2 （说明：进行弱防守下的2V2配合，防守者只能在固定区域内防守，进攻队员通过跑空位的方式跑出空当，组织完成进攻） 3.比赛：3V3比赛 （说明：半场3V3比赛）
18	抛接、投掷的运用方法2：全场4V4比赛	1.认知：能说出3V2比赛和2V1比赛的异同点。 2.技能：能用所学的移动、跑（投）接球动作进行3V2比赛，展现出良好的接球能力和进一步的跑空位战术意识。 3.情感：在练习与比赛中不断提高自己，能够团结队友、帮助队友，体验比赛的乐趣	规则、意识、配合	1.单一： 传抢练习 （说明：通过传抢练习提高学生的比赛意识） 2.组合： ①3V2 （说明：运用跑空位进行传切、接配合） ②4V3 （说明：模拟四人比赛，渗透比赛规则，强调利用人数优势将球传给空位同学，完成进攻） 3.比赛：全场4V4比赛 （说明：运用各种跑动、抛、投、传、接技术初步体验全场比赛乐趣）

续　表

评价方案	素养1 运动能力： ①提高学生在不同练习环境中完成多种形式抛接、投接、投准以及抛（投）接的衔接能力，并能初步运用这些技术进行比赛。 ②利用抛、投、接等动作发展体能，身体状况优秀，表现为体能储备充足。 素养2 健康行为： 利用沙球进行锻炼，养成经常锻炼的好习惯，并能在家中进行体育作业的练习。 素养3 体育品德： 通过练习发展互助互学的精神，培养团队协作能力及良好的规则意识

附件1：课时教学设计

一、沙球运动的练习方法3：沙球自抛接练习方法

指导思想	本课以《义务教育体育与健康课程标准（2022年版）》为依据，以学生发展为中心，培养学生对沙球运动的兴趣。运用问题引导、任务设置、情境创设等多样化的教学方式。采用抛过2.5米高的线、击掌、拍膝等方法解决学生抛不高的问题；在教学中根据个体差异，确定学习的目标和评价方法，力求让每个学生都可以通过学习达成目标，做到学有所获。本课从技术学习、组合练习、游戏比赛三个角度使不同层次的学生得到锻炼，获得快乐
教材分析	1.教材结构与特点：抛是接的起始动作，“抛得稳”是“接得准”的前提，没有抛好就很难接住球。一年级的学生普遍抛不好，所以本课主要是让学生学会抛起、接住、抛高的方法。根据教材内容创设“我是小小炮兵”的情境，设置准备部分“炮兵出操”、基本部分“炮兵训练”、结束部分。 2.功能与价值：沙球没有弹性，没有危险性，容易上手，非常适合一年级学生练习，发展学生的抛接能力。本课是学生接触沙球的第四课，主要任务是解决抛不高、抛高后接不准的问题，为提高多种形式的抛接球技术奠定基础。 3.课标要求：能说出双手原地上抛的动作方法，能做出向上抛球的动作方法，并且做到将球抛高，抛高后能够接住。在练习中遇到问题主动接受教师或同伴的意见并改进动作

续 表

学情分析	1. 身心特点：小学一年级的学生年龄都在7岁左右，比较易兴奋，精神不易集中，需要借助趣味活动来吸引他们。 2. 已有基础：教学对象是一年级上学期学生，体育常规等方面还处于强化阶段，体育技能几乎为零，但是具备一定的抛接、抓握能力。 3. 个体差异：一年级的学生身体活动能力和认知差异较大，性别差异反而不是很明显。因此在教学中要照顾到身体弱小的学生，让他们也能完成相应的动作
教学流程	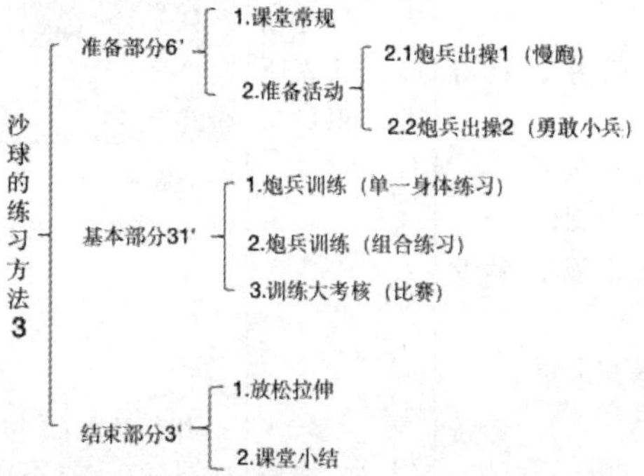 沙球的练习方法3 准备部分6'：1.课堂常规；2.准备活动（2.1炮兵出操1（慢跑）；2.2炮兵出操2（勇敢小兵）） 基本部分31'：1.炮兵训练（单一身体练习）；2.炮兵训练（组合练习）；3.训练大考核（比赛） 结束部分3'：1.放松拉伸；2.课堂小结
场地布置	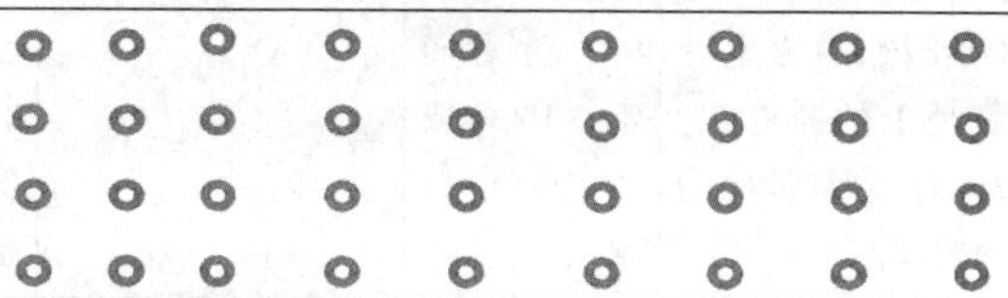
安全防范	1. 课前：安排好见习生，强调安全意识。 2. 准备部分：充分活动全身。 3. 基本部分：保持安全练习距离。 4. 结束部分：充分拉伸

学校	衢州市实验学校教育集团新湖校区	教师	徐贞华	年级	一上	上课时间	40分钟	课次	4/8	学生数	32
教学内容	沙球运动的练习方法3：沙球自抛接练习方法										
教学目标	1. 认知目标：能说出双手向上抛起、抛高，双手接球的动作要领。通过抛接建立空间、方位意识，提高判断能力。 2. 技能目标：能做出双手向上抛的动作方法，并且能够抛过一定高度，双手能够接住一定高度下落的球，提高接球能力。 3. 情感目标：乐于参加各种练习，在练习中遇到问题主动接受教师或同伴的意见并改进动作										

续 表

关键问题	抛高、抛直、接住					
教学过程	学练内容	学练标准	组织形式 与安全措施	教学方法	练习次数	练习时间
准备部分 6′	1.课堂常规 1.1 体委整队，报告人数 1.2 师生问好，精神饱满 1.3 检查学生服装 1.4 宣布本节课内容 1.5 安排见习，随堂听课 1.6 加强安全意识	集合快、静、齐；精神饱满，目标明确；认真听讲，积极参与。	1.组织队形： 安全提示： 穿着宽松，确保安全。	教法：讲解。创设情境“我是小小炮兵”。 学法：观察、听讲。		1′
	2.准备活动 2.1 炮兵出操1（慢跑） 围绕场地上的球慢跑，根据教师口令变换跑的方式和路线。	2.1 跟上队伍，注意间距，100%成功完成练习。跑得直、不掉队。	2.1 组织队形： 将全班分成4个连队：分别是炮兵1连、2连、3连、4连。	2.1 教法： 引导和鼓励学生。 2.1 学法： 保持安全距离跑动。	≥ 3圈	2′
	2.2 炮兵出操2（勇敢小兵） ①原地踏步+原地小碎步 ②上肢动作1（吹喇叭） ③上肢动作2（敲鼓） ④上下肢配合动作1（打枪） ⑤上下肢配合动作2（投弹）	2.2 跟随音乐、跟上节奏、动作到位，95%有效完成练习	2.2 组织队形：	2.2 教法：语言法，观察法。 2.2 学法： 自主学习法。根据音乐律动，动作到位		3′

续 表

教学过程	学练内容	学练标准	组织形式与安全措施	教学方法	练习次数	练习时间
基本部分 31′	1.炮兵训练（单一身体练习） 抛高+接球 方法：双手握球，两臂伸直，屈膝下蹲，肩关节为轴，用力蹬地，向上抛球，双手伸直张开自动迎球并接住球。	1.双手握球抛高，高度超过2.5米高标志线并接住。 评价：20秒连续抛接次数。	1.队形组织：	教法：引导和鼓励学生。 学法：观察法，保持安全距离。 问题1：如何才能抛高，并很好得接住球？	≥10次	6′
	2.炮兵训练（组合练习） 2.1抛高+击掌+接住 方法：双手握球上抛击掌接住球。	2.1双手抛球连续击掌2次以上接住球。 评价：自我判定动作质量，思考击掌的意义。	2.1队形组织：	2.1教法：示范、问题引领。 2.1学法：模仿、参与练习。	≥10次	7′
	2.2抛高+拍膝（触地）+接住 方法：双手握球上抛拍膝接住球。 延伸：触地接球练习	2.2双手抛球连续拍膝2次以上接住球。 评价：连续5次拍膝接球的次数	2.2队形组织：	问题2：思考击掌次数和高度的关系？	≥10次	6′

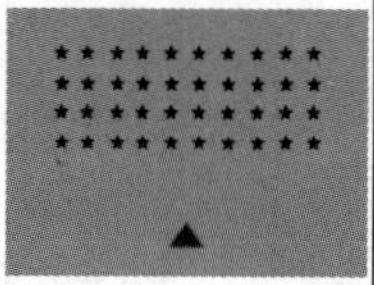

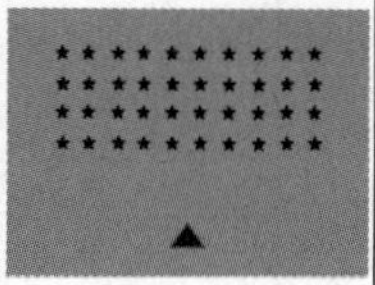

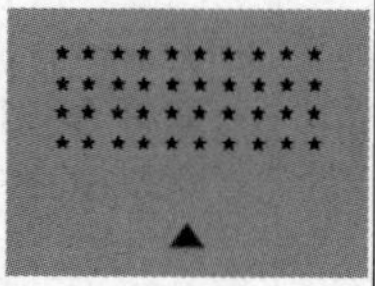

续 表

教学过程	学练内容	学练标准	组织形式与安全措施	教学方法	练习次数	练习时间
基本部分31′	2.3 抛高过线+跑动+接球练习 方法：双手握球向前上抛球过线，跑动接球。 3. 训练大考核（比赛） 方法：30秒连续抛过线并接住	2.3 球抛过2.5米高的线快速跑动接住球。 3. 统计30秒内全排抛过线的次数	2.3 组织队形： 3. 组织队形：	2.3 教法：示范、问题引领。 2.3 学法：模仿、参与练习。 问题：怎样才能抛过线、接住球？ 教法：示范引领。 学法：参与比赛	≥8次 ≥1次	8′ 4′
结束部分3′	1. 放松拉伸 跟随音乐《祖国不会忘记》做放松动作。 2. 课堂小结 对本节课学习进行自我评价与总结，与大家分享这节课学习的内容与感受，更好地感受课堂	1. 积极放松，调整呼吸，完成率90%以上。 2. 集合快、静、齐；回收器材积极	组织队形：	教法：用言语引导学生进行愉悦放松。 学法：探究学习法，集体学习法	≥1	3′
场地器材	贴纸32片，沙球40个，铁丝，包装袋					

二、沙球运动简单战术及运用1：一传一切配合

指导思想	本课以《浙江省中小学体育与健康课程指导纲要》为依据，积极开发校本课程，丰富学生运动生活。本课教学以发展学生核心素养为目标，培养学生沙球比赛能力，感受比赛所带来的运动乐趣。课中运用小组探究、问题引导、任务设置、多元评价等多样化的教学方法提升教学效果。在教学中根据个体水平差异，确定合适的学习任务，力求让每个学生都能通过学习达成目标，做到学有所获。本课教学结构从变向-移动-传接技术维度出发，结合一传一切配合的组合练习，最终指向能够进行比赛的运用维度。在练习中教授比赛规则，引导学生在比赛中遵守规则，达到会比赛的目的
教材分析	1.教材结构与特点：传切配合是进攻战术的基础配合之一。一传一切配合是传切配合中的一种，它是利用传接球和切入技术组成的简单配合。在实际应用中的表现方式为进攻队员传球后，以变向、变速跑结合假动作摆脱对手，快速切入接球完成投球。这种配合多在前场进行，非常有攻击性。 2.功能与价值：一传一切配合主要是两人或三人之间有目的、有组织、协同配合的进攻策略，是组织全队战术的基础。一个队完整的进攻要有场上队员协同配合，但最终还是由两、三人来结束配合。因此只有熟练地掌握好两、三人之间的攻守配合，才能使全队战术更加灵活，有效发挥出全队的整体实力。 3.课标要求：能说出一传一切配合进攻战术形式，并且能够比赛中进行运用，在练习中遇到问题主动接受教师或同伴的意见并改进动作
学情分析	1.身心特点：小学五年级学生年龄都在12岁左右，在力量、速度、耐力方面有了很大的提升，在身体方面具备对抗的能力，在认知方面也具备相互配合的意识。 2.已有基础：在水平一、二阶段学习的基础上，学生已经掌握了沙球基本技术和组合技术，具备很好的传接球能力，为沙球战术的练习奠定了良好的基础。 3.个体差异：五年级男、女学生体质方面逐渐变化，女生在体态、身高方面会逐渐优于男生，但是在力量和速度方面还是不及男生。同性别之间的差异随着个体发育快慢的不同会逐渐加大，这种差异会影响动作完成的质量
安全防范	1.课前：安排好见习生，强调安全意识。 2.准备部分：充分活动全身。 3.基本部分：保持安全练习距离。 4.结束部分：充分拉伸

学校	衢州市实验学校教育集团新湖校区	教师	徐贞华	年级	三上	上课时间	40分钟	课次	4/8	学生数	24
教学内容	沙球运动简单战术及运用1：一传一切配合										
教学目标	1.认知目标：能说出一传一切配合战术方法和练习要求，了解传切配合的战术概念，通过传切配合建立场上空间和跑位意识，提高队员之间的配合能力，并且进行简单规则的渗透。 2.技能目标：学会一传一接战术配合方法，掌握正确的传接球和切入时机。通过练习提高切入队员变速变向和摆脱对手的能力；提高传球队员抓住传球时机的能力，快速准确地将球传给切入队员，并能在比赛中运用。 3.情感目标：培养团队合作意识，发展个人敢于对抗、勇敢果断、遵守规则的品质										
关键问题	变向、时机、配合										

教学过程	学练内容	学练标准	组织形式与安全措施	教学法	练习次数	练习时间
准备部分7′	1.课堂常规 1.1体委整队，报告人数 1.2师生问好，精神饱满 1.3检查学生服装 1.4宣布本节课内容 1.5安排见习，随堂听课 1.6加强安全意识	1.集合快、静、齐；精神饱满，明确目标；认真听讲，积极参与。	1.组织队形：三列横队。 安全提示：穿着宽松，确保安全。	教法：讲解。 学法：观察、听讲。		1′
	2.准备活动 2.1慢跑 围绕场地慢跑，遇到标志物做“变向跑”练习	2.1跟上队伍，注意间距，100%成功完成练习。 要求：遇到标志物做出变向动作	2.1组织队形：一路纵队，绕场跑进。	2.1教法：引导和鼓励学生。 2.1学法：保持安全距离跑动	≥3圈	2′

续 表

教学过程	学练内容	学练标准	组织形式与安全措施	教学方法	练习次数	练习时间
准备部分 7′	2.2球操（4×8拍） ①原地踏步+左右手抛球（1×8拍） ②原地跑动+上抛球（1×8拍） ③原地胯下交替换球（1×8拍） ④跳起跨下交替换球（1×8拍）	2.2跟随音乐、跟上节奏、动作到位，95%有效完成练习。	2.2组织队形：三列横队。	2.2教法：语言法，观察法。 2.2学法：根据音乐律动，动作到位。	≥6次	1′
	2.3专项准备活动 ①3人传接球练习 方法：原地或跳起进行3人传球练习。	①三角形站位间距5米，并利用单手肩上传接球动作，每人完成6次以上。 要求：传球到位并接住，球尽量不掉地。	①组织队形：3人一组，全班分成8组。	①教法：讲解、示范。 ①学法：小组练习。	≥10次	1′
	②变向练习 方法：在标志物后面做突然起动变向跑动练习	②起动快，做出明显的变向动作。每人练习10次	②组织队形：3人1小组练习。	②教法：讲解、示范。 ②学法：观察、模仿		2′

续 表

教学过程	学练内容	学练标准	组织形式与安全措施	教学方法	练习次数	练习时间
基本部分30′	1. 单一练习变向+传接球配合 1.1 变向+回传球练习 方法：一名队员在标志杆后面做变向动作后，接对面队友的传球并回传。 目的：感受变向和传接的配合。	1.1 相距5米，做变向+回传球练习，每人做3次，交换传球队员。	1.1 组织队形： 3人1小组。	1.1 教法：讲解、指导。 1.1 学法：观察、思考。 问题1：什么情况下最适合接球？	≥10次	3′
	1.2 传接球+左右换位跑动 方法：三角形站位，一人传球，两人做左右交换位置跑动。 要求：在规则的范围内把握持球、接球、跑动的时机。 目的：体验跑动的路线。	1.2 相距5米以上，肩上传球后快速跑动，双方互换位置。 评价：20秒连续跑动传接。 渗透规则： ①持球不能超过3秒。 ②持球不能移动。	1.2 组织队形： 3人1小组。 安全提示：面对面跑动时不要碰到。	1.2 教法：引导和鼓励学生。 1.2 学法：观察法、小组练习。 问题2：如何在规则的范围内有效衔接持球、接球、跑动？	≥10次	3′
	2. 组合练习 2.1 传接球+变向切入+换位跑动 方法：三角形站位，一人传球，两人做变向换位跑动。 要求：跑动中遇到标志物做出变向切入动作。 目的：掌握跑动路线中出现障碍物的解决办法	2.1 跑动线路中间设置标志物，跑动中做出变向动作。 要求：变向要突然，起动要快	2.1 组织队形： 3人1小组。 安全提示：跑动时尽量不要碰到标志物	2.1 教法：示范、问题引领。 2.1 学法：模仿、参与练习。 问题3： 跑动线路中出现障碍物你会怎么做？	≥10次	6′

续　表

教学过程	学练内容	学练标准	组织形式与安全措施	教学方法	练习次数	练习时间
基本部分30′	2.2传接球+防守+换位跑动 方法：3人三角形站位传接球，设置1名防守队员进行消极防守。 目的：掌握出现防守队员的解决办法。	2.2传接球时要在“持球不能超过3秒；持球不能移动”规则的范围内进行练习。跑动换位过程中要做出切入动作。防守队员做出防守动作。	2.2组织队形： 4人一组。 安全提示：防守队员不要做危险动作。	2.2教法： 讲解指导。 2.2学法： 主动思考、积极练习。 问题4： 防守有球队员和防守无球队员哪个更有效？	≥10次	6′
	2.3一传一切配合 方法：3人一组，1号队员传球给2号队员，3号队员上前防守。2号队员被防守后回传给1号队员，2号队员传球后做变向摆脱3号队员的防守向前场切入，接1号队员的传球。 目的：体验传切配合。	2.3做出一传一切配合动作。	2.3组织队形： 3人一组。	2.3教法： 讲解指导。 2.3学法： 主动思考，积极练习。 问题5： 做传切配合的最佳时机是什么？	≥8次	6′
	3. 3V3比赛 方法：在场地上进行3V3比赛。 目的：运用传切配合	3.比赛中尽量做出传切配合	3.组织队形： 3人一组，6个人一个场地。	教法：场上指导。 学法：积极比赛	≥1次	6′

续 表

教学过程	学练内容	学练标准	组织形式与安全措施	教学方法	练习次数	练习时间
结束部分3′	1.放松拉伸 跟随音乐做放松动作。 2.课堂小结 对本节课学习进行自我评价与总结，与大家分享这节课学习的内容与感受，更好地感受课堂。 3.集合整队 4.整理和回收器材 5.师生再见	1.放松积极，调整呼吸，完成率90%以上。 2.集合快、静、齐；回收器材积极	组织队形：	教法：用言语引导学生进行愉悦放松。 学法：探究学习法，集体学习法	≥1	3′
场地器材	标志桶10个，沙球25个，背心25件					

三、沙球运动传接球战术练习方法3：四人传接球配合

学校	衢州市实验学校教育集团新湖校区	教师	徐贞华	年级	五上	上课时间	40分钟	课次	4/8	学生数	32
教学内容	沙球运动传接球战术练习方法3：四人传接球配合										
教学目标	1.认知目标：能说出四人传接球战术方法和练习要求，了解传接球战术概念，通过配合建立场上空间和跑位意识，提高队员之间的配合能力，并且提升规则的运用能力。 2.技能目标：学会四人传接球配合方法，掌握正确的传接球时机，提高快速准确地将球传给接应队员的能力，通过加入防守队员的练习提高队员变速变向和摆脱对手的能力，并能在比赛中运用。 3.情感目标：培养团队合作意识，发展个人敢于对抗、勇敢果断、遵守规则的品质										
关键问题	时机、配合										

续 表

教学过程	学练内容	学练标准	组织形式与安全措施	教学方法	练习次数	练习时间
准备部分 7′	1.课堂常规 1.1体委整队，报告人数 1.2师生问好，精神饱满 1.3检查学生服装 1.4宣布本节课内容 1.5安排见习，随堂听课 1.6加强安全意识 2.准备练习 2.1慢跑 围绕场地慢跑。 2.2专项活动 两人跑动传接球	1.集合快、静、齐；精神饱满，明确目标；认真听讲，积极参与。 2.1跟上队伍，注意间距，100%成功完成练习。 要求：整齐。 2.2要求：跑动积极，传球到位	1.组织队形： 三列横队。 安全提示：穿着宽松、场地器材确保安全。 2.1组织队形： 一路纵队，绕场跑进。 2.2组织队形： 八路纵队	教法：讲解。 学法：观察、听讲。 2.1教法：引导和鼓励学生。 2.1学法：保持安全距离	≥1次	1′ 4′ 2′
基本部分 30′	1.单一练习 1.1四人移动传接球配合 目的：体验四人传接的配合 2.组合练习 2.1四人分布式传接球配合进攻 方法：四人分布在球场中从后场推进完成得分进攻。 要求：运用位置战术完成传接球配合进攻得分	四人相距4米，移动中做互传练习。标准：传准、接稳。 2.1分布在沙球场地上，运用各种传球技术配合完成练习。 评价：计录完成得分时间。男女分组评价，分别得4、3、2、1分。 渗透规则： ①持球不能超过3秒。 ②得分练习	1.组织队形： 4人1小组。 2.1组织队形： 4人一个队，一个球场两支球队。 安全提示：面对面站位时避免碰撞	教法：讲解、指导。 学法：观察、思考 2.1教法：引导和鼓励学生。 2.1学法：观察法	≥10次 ≥10次	4′ 5′

续 表

教学过程	学练内容	学练标准	组织形式与安全措施	教学方法	练习次数	练习时间
基本部分30′	2.2 四人收缩式传接球配合进攻 要求：运用跑动战术完成传接球进攻得分。 3. 小组PK赛 目的：运用战术	2.2 从防守区出发采用移动配合完成得分进攻。 评价：计录完成得分时间。男女分组评价，分别得4、3、2、1分。 渗透规则： ①持球不能超过3秒。 ②持球不能移动。 ③得分练习。 3. 比赛中尽量做出传切配合。 评价：胜队得2分，负队得1分	2.2 组织队形： 4人一个球队，一个球场两支球队。 安全提示：移动过程中时避免碰撞。 3. 组织队形	问题1： 如何以最快的速度完成得分？ 问题2： 分布式进攻配合和收缩式进攻配合有什么不同？ 教法：场上指导。 学法：积极比赛	≥10次 ≥10次	5′ 8′ 8′
结束部分3′	1. 放松拉伸 跟随音乐做放松动作。 2. 课堂小结 对本节课学习进行自我评价与总结，与大家分享这节课学习的内容与感受，更好地感受课堂。 3. 回收器材	1. 放松积极，调整呼吸，完成率90%以上。 2. 集合快、静、齐；回收器材积极	组织队形	教法：用言语引导学生进行愉悦放松。 学法：探究学习法，集体学习法	≥1	3′
场地器材	沙球8个，记分牌4块，秒表1块					

附件2：沙球运动基本规则

一、总则

（一）宗旨

为了促进沙球运动的推广、普及与规范发展，丰富校园体育文化，推动学校体育健康事业的发展，特制定本规则。

（二）目的

1. 为沙球运动竞技提供客观、统一的竞赛标准。

2. 为裁判员公平、公正、公开评判执裁提供客观依据。

3. 为参赛者提供赛前训练和参赛的指导依据。

（三）适用范围

本规则适用于各级各类沙球运动正式赛事。

（四）赛制

四人制比赛。

（五）竞赛分组

根据竞赛规程进行分组，具体如下：

1. 按性别分组

 1.1 男子组

 1.2 女子组

 1.3 混合组（至少有一名男性或女性）

2. 按年龄分组

 2.1 儿童丙组（6周岁至7周岁）

 2.2 儿童乙组（8周岁至9周岁）

 2.3 儿童甲组（10周岁至11周岁）

 2.4 少年丙组（12周岁至13周岁）

 2.5 少年乙组（14周岁至15周岁）

 2.6 少年甲组（16周岁至18周岁）

 2.7 青年乙组（19周岁至28周岁）

 2.8 青年甲组（29周岁至44周岁）

 2.9 中年组（45周岁至55周岁）

3. 按参赛选手类别分组

 3.1 小学乙组

 3.2 小学甲组

 3.3 初中组

 3.4 高中组

 3.5 大学组

3.6社会组

3.7特殊群体组

（六）奖项设定

组织者根据需要设置不同奖项。

二、竞赛通则

沙球运动是指双方队员运用传接、投掷、跑动等动作，最终通过在得分区外起跳，手部接球后双脚同时落到得分区内完成得分的一种比赛形式。沙球运动具有比赛形式受器材、场地限制小的特点，相对于其他比赛开展起来更加方便，因此受到很多学生的喜爱。

（一）比赛场地与器材

1. 场地大小

1.1四人制场地：长方形球场7米×21米，场地设有得分区、发球区、防守区、角球区。

1.2正式比赛的场地需平整、坚实、无障碍物，可以是地板、塑胶、草坪，无安全隐患。

1.2.1比赛场地周围至少有3米宽缓冲区（无障碍区），比赛上空的无障碍空间至少有7米高。

1.2.2场地的尺寸可以根据场地实际情况按比例缩减，可以在相同比例下变化，见图1。

2.线

2.1界线长的叫作“边线”，短的叫作“底线”。

2.2场地上所有线宽为5厘米，并且清晰可见。

3. 区

3.1 1.2米线内为得分区。

3.2 3.8米线内为防守区。

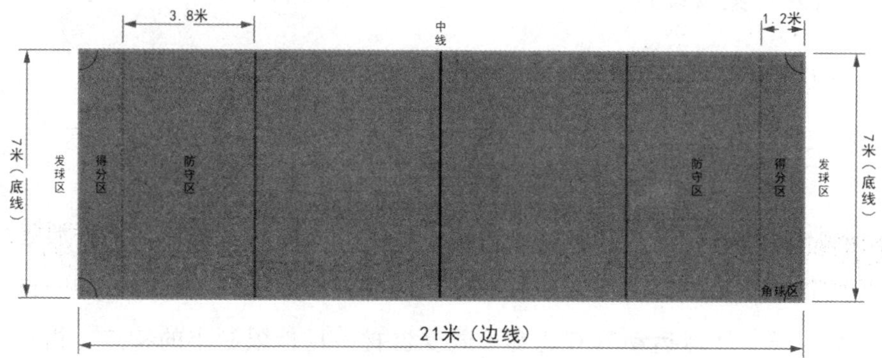

图1　沙球场地示意图

4. 沙球

4.1 形状：正十二面体。

4.2 大小：直径为10~11厘米。

4.3 材料：外面可以是布、皮革、真皮，填充物可以是谷糠、棉花或一些其他材料等混合物。

4.4 重量：50克左右，见图2。

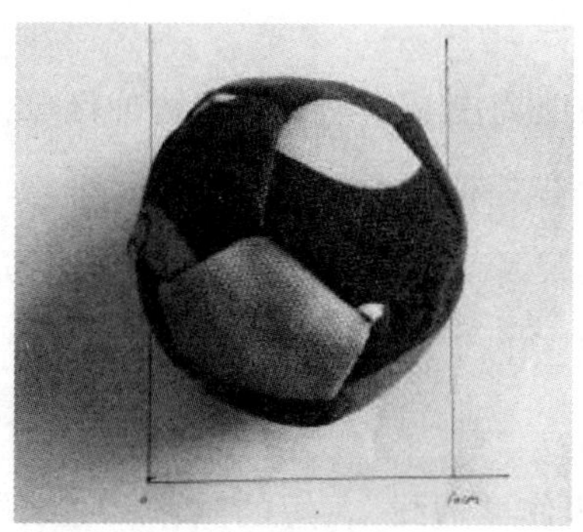

图2　沙球示意图

5. 辅助器材

5.1 比赛计时器：用于计量每节比赛时间和休息时间。

5.2 犯规指示牌：显示队员犯规的次数。

5.3 信号装置：响亮的信号提示。

（二）球队

1. 队员和替补队员

1.1 每队由8~10名队员组成，四人制比赛中4名队员上场，其余的为替补队员，比赛中可以替补场上队员参加比赛。

1.2 每队必须有一名教练员和一名队长，队长可以由一名队员担任。

2. 教练员

2.1 教练员是球队的领导者，给队员指导建议，并安排替补队员。

2.2 比赛前，教练员要提供本队队员参赛姓名和号码。

3. 服装

3.1 所有球队的成员穿同样颜色的球衣，球衣前后有号码，号码最多为两位数字。

3.2 运动员服装根据比赛要求，可在衣服的背面印有面积合适、位置统一的赞助商标志等。

3.3 禁止穿有描绘反人类、反社会、战争、暴力、色情、宗教等主题的服装、鞋帽，违者取消比赛资格。

（三）比赛时间

比赛由1、2、3节组成，第1、第2节时间各为6分钟，第3节时间为8分钟；青少年比赛时间可以根据年龄情况自定，建议每节不少于6分钟。每节休息时间通常为2分钟。每队各有2次暂停机会（只有本方获有持球权，方可使用暂停机会，即向记录台递交暂停申请牌），暂停时间为30秒。比赛时间由计时员控制。

（四）比赛开始

1. 比赛开始前，由裁判员主持双方队长抽签，抽签得胜的队，有权选择场区，队员必须站立在本方防守区等待比赛开始。比赛开始，裁判员示意双方队员握手。

2. 裁判员站立在中线上手持沙球，示意双方球队各出一名队员站到中线两边进行跳球（其余队员站在各自防守区内），裁判员向上抛球，两名跳球队员跳起争球，跳起队员触球的瞬间比赛正式开始。

3. 第1节结束后交换场地，第3节开始时由裁判员主持双方队长再次抽签，重新进行场地的选择，每节开始都要进行跳球。

4. 比赛开始，裁判员负责开球。

（五）球的状态

1. 活球状态

1.1 开球后，球离开开球队员的手时。

1.2 争球时，裁判员将球交给获球权的队员，裁判员鸣哨队员可处理球时。

1.3 掷球入界中，掷球入界队员可处理球时。

1.4 球出界，捡到球继续比赛时。

2. 死球状态

2.1 有一方得分时。

2.2 裁判员鸣哨时。

2.3 每节比赛结束计时钟信号响时。

2.4运动员受伤时。

2.5比赛中球出现破损，裁判鸣哨终止比赛时。

2.6球碰到场地上空建筑物或其他物体时。

2.7球出界时。

2.8裁判员鸣哨中止比赛时。

（六）球的分值

每一次得分记1分。

（七）比赛结束

1.比赛计时钟结束信号响时，表明比赛结束。

2.如果第3节结束时，比分相等，则进入加时赛，加时2分钟。如比分仍相同，则进入第二个加时赛，第二个加时赛中只要有一方得分比赛就结束。

3.得分后，由输球队在本方发球区发球，比赛继续。

（八）替换

1.队员可在死球后得到裁判员应许才能入场比赛或被替换出场。替换场上队员时，应先通知记录员，并在本方替补区进行替换。被替换的场上队员出场后，替补队员才能入场。违者在违例地点判罚对方获球权。

2.罚出场的队员不得被替补，队员在受罚期间不得替补其他队员。

（九）合法触球

1.用手、臂、头、上体等部位方式拿球、接球、停球。

2.持球不能移动，但是可以借助中枢脚向任何方向转动。

2.1 对在场地上接住球队员用以下方法确立中枢脚。

2.1.1 双脚站在地面上时：一脚抬起的瞬间，另一脚成为中枢脚。

2.1.2 移动时：

2.1.2.1 如果队员双脚离地，则落地时，先落地的脚成为中枢脚。

2.1.2.2 如果移动中的队员接住球，恰好有一只脚正接触地面，那么先接触地面的脚为中枢脚。

2.1.2.3 如果单脚起跳接球（以右脚为例），接球时右脚先落地，左脚后落地，右脚为中枢脚。

2.1.2.4 如果行进间起跳接球（以右脚为例），右脚跨一步接球为中枢脚，左脚落地起跳，中枢脚落地前球出手。行进间接球的过程（以右脚起跳接球为例）：助跑后接球（右脚）→落地（左脚）起跳→出手（空中）→落地。

2.1.2.5 在传球或接球时，前脚着地后，由于惯性，后脚移向前脚为拖步，在中枢脚落地前，为合法触球。

3. 持球不超过3秒。

4. 漏接时球掉地捡起重新记3秒。

5. 球在两手之间传递总时间不超过3秒。

6. 球离手后触及队员应继续比赛。

7. 躺着、坐着或跪着传球。

8. 拦截、抢断中球落地，可以捡起球进行传球。

（十）不合法触球

1. 故意用脚踢球、停球。

2. 故意将球扔地上自己再捡起。

3. 球离手后触及队员并出界。

4. 故意将球掷出边线或端线。

5. 接球后持球超过3秒。

6. 触球做出挑衅、侮辱动作，故意将球投向队员。

7. 持球后拨球移动不合法触球。

8. 发球直接丢地上。

（十一）控制球

一名队员控制球时，他（她）持着一个活球，当球在同伴之间传递时，该队控制球。

（十二）合法抢球动作

1. 用双手、单手或手臂截球。

2. 用单手、双手（伸开手指）从空中拦截来球。

3. 用身体阻拦对方持球或不持球队员的行动路线。

4. 用身体挤开对方阻拦的手臂而进行传球（不能用手推开）。

5. 在抢球中使用优先触球原则，即先触碰球的队获得球权。

（十三）不合法抢球动作

1. 用单手或双手夺取、击打对方手里的球。

2. 用手臂、手掌或两腿阻挡对方。

3. 拉人、单手或双手抱人、打人、推人、撞人、绊人、抱腿、压人或用其他情况使对方处于危险情况。

4. 将对方推出或挤出界外。

5. 故意向对方身上掷球或使用危险假动作。

6. 当对方在传球、接球等情况下做出侮辱性抢球动作。

（十四）得分

1. 得分区外起跳，手部接球后双脚同时落到得分区内，并能保持1秒以上视为有效得分。

2. 接球后立即出现身体倾斜摔倒出得分区、脚没站稳踩出边线视为无效得分。

3. 已经做出得分动作，但是身体没有控制好倒在得分区外视为无效得分。

4. 接球后单脚落地视为无效得分。

5. 手部触球没有接住球，球出界或掉地均视为无效得分。

6. 脚踩得分区和防守区的交界线视为无效得分。

7. 比赛中双方队员均可以进入得分区，但提前进入得分区内接球视为无效得分。

8. 除手部以外其他身体部位接球、触球均视为无效得分。

9. 比赛中球掉落得分区队员可以进入捡球，捡起来可以再次组织进攻或直接传球进攻得分。

（十五）发边线、底线球

1. 所有出现违例的判罚，罚则是判给对方在靠近发生违例的地点，就近发边线球。

2. 发边线球必须站在边线外，用单手或双手方式发球。

3. 发边线球不得踩线。

4. 发球不可以直接得分。

5. 一场比赛的开始可以在底线发球区开球或者采用中场跳球的形式开球，开球时队员只能在本方区域防守，开球后才能进入对方区域。

6. 进攻队员传球未得分球出边线，则判罚防守队员发边线球。

7. 在底线发球和角球区发球均要发出防守区。

8. 在防守区和得分区的边线发球均要发出防守区。

9. 发边线球、底线球和角球时队员均要退出得分区和防守区，待球发出后才能进入。

10. 中场开球采用两队各一名队员进入中场，其余队员在防守区，跳球队员触球后方能出防守区。

11. 一方得分后另一方发底线球。

（十六）角球

1. 球越过底线飞出场外，如果最后触球的是防守队员，则判进攻队员发角球。

2. 发角球时，在靠近球出界的那一侧端线与边线交点上进行。

3. 发角球要求发出防守区，不可以直接进攻得分。

4. 裁判员鸣哨后，持球不能超过3秒。

5. 发角球的队员，发球之后直接回接本方队员的传球并得分视为无效得分。

6. 发角球的队员，必须出得分区才能再次组织进攻。

（十七）争球

1. 双方同时抢到球相持不下。

2. 双方抢球时同时犯规，球权不归任何一方。

3. 因某种原因中断比赛，而球又不属于任何一方。

4. 两个裁判员的判罚不一致。

5. 有一方明显首先触球则可以优先获得球权不用争球。

6. 两名队员争球时在中线位置站好，其余队员退回防守区，裁判员向上方抛球后队员才能起跳争球；也可以采用轮流换发的形式进行，发球位置为双方争议位置的边线或底线。

（十八）违例

违例就是违反规则。

1. 队员出界：比赛进行中队员有一只脚完全踩在边线外面或身体一半以上出边线外。

2. 球出界：比赛中球完全掉落在边线和底线外面。

3. 比赛中手持球，球处于边线外。

4. 持球后连续用手垫球。

5. 比赛中故意将球丢向或砸向地面。

6. 故意用脚踢球、停球。

7. 在传球或接球时，前脚着地后由于惯性，后脚移向前脚为拖步，如果移动前脚为违例。

8. 故意将球扔向本队或对方队员身上，或故意将球扔出场外。

9. 故意将球抛向空中再接住。

10. 球离手后触及队员、裁判员身体并出界。

11. 接球后持球超过3秒。

12. 持球后带球移动。

13. 被严密防守的队员在3秒内，没有通过传、投的防守将球传出、投出。

（十九）违例的判罚

所有出现违例的判罚，罚则是判给对方在靠近发生违例的地点，就近发边线球。

（二十）犯规

犯规是对规则的违犯。

1.触球做出挑衅、侮辱动作。

2.拉人、单手或双手抱人、打人、推人、撞人、绊人、抱腿、压人或用其他情况使对方处于危险情况。

3.故意向对方身上掷球或使用危险假动作。

4.当对方传球时做出犯规动作。

5.任何恶劣的违反体育道德的行为，直接取消比赛资格。

6.双方犯规：双方队员大约同时发生犯规的情况。

7.用单手或双手强行夺取、击打对方手里的球。

8.用臂、手或两腿阻挡对方。

9.故意将对方推入或挤入界外。

（二十一）犯规的判罚

1.一名队员全场累计犯规3次，则必须被替补队员替换。

2.有任何恶劣的违反体育道德的行为，则直接取消比赛资格。

3.根据犯规情节严重程度可以判罚出场3分钟、5分钟和直接罚出场至比赛结束。

三、裁判人员的职责和权利

（一）裁判员

1.执行裁判工作时，要认真负责，公正准确，谦虚谨慎。

2.每场比赛必须有主裁判员和副裁判员，可以设记录员一人和计时员一人协助他们。

3. 裁判员在开始比赛前应检查场地，主持比赛和解决有关规则的问题，并有权停止或中断比赛。裁判员根据自己观察所作的判断为最后的判定。

4. 对于有不正当行为或粗暴举动，以及对裁判员不礼貌的队员，可给予警告。重犯时可罚其出场，情节严重时可直接罚出场。

5. 裁判员在警告或罚出场时，要做出明显的手势，并向记录台显示受罚队员的号码。

6. 罚出场3分钟、5分钟或罚全场，如果罚出场的时间在上半场结束时没有满，则将余下的时间在下半场补足。

7. 故意拖延比赛的队员，应给予警告。根据情节严重程度罚相应的出场时间。

8. 队员被罚出场时间已满，进场继续参加比赛时，应通知裁判员。

9. 裁判员在下列情况下应鸣哨：

9.1 比赛开始、终了和停止比赛时。

9.2 进球或得分时。

9.3 犯规或违例时。

9.4 球出界时。

9.5 开球、掷角球、争球时。

（二）记录员

1. 记录员的责任是填写记录表，应给记录员提供《沙球比赛记分表》、交替拥有箭头。

2. 记录员要记录投球和罚球的累计分数。

3. 记录员要记录队员犯规的次数，举牌表明犯规次数。

（三）计时员

1. 应给计时员提供一块比赛计时钟和一块秒表。

2. 计量比赛时间和比赛休息时间。

3. 确保有非常响亮的信号以结束一节比赛。

4. 计时员应按下列所述计量比赛时间。

4.1 开启比赛计时钟：开球时，球触及或被场上队员触及时；罚球结束，对方队员发球时。

4.2 停止比赛计时钟：一节比赛时间终了；罚球时要停表。

后　记

本书将沙球运动融入学校体育教学中，对培养学生的运动能力、战术素养有一定的价值，有助于优化小学阶段现有运动体系。但是本书也存在一些不足，如刚进行沙球运动本身的开发研究，还没有进行更广泛的实践，这和现有的场地、器材不足有一定关系。希望本书能够让更多的人知道沙球运动、参与沙球运动，并推动器材、场地方面的建设，让沙球运动走进学生的体育生活，为学生的健康尽一份微薄之力。